자존감이
바닥일 때
보는 책

A WOMAN'S SELF-ESTEEM: STRUGGLES AND TRIUMPHS IN
THE SEARCH FOR IDENTITY
Copyright © 1998 by Nathaniel Branden
All rights reserved.

Korean translation copyright © 2018 by PSYCHE'S FOREST BOOKS
This translation published under license with the original publisher John
Wiley & Sons, Inc. through EYA(Eric Yang Agency).

이 책의 한국어판 저작권은 에릭양 에이전시(EYA)를 통한 John Wiley &
Sons, Inc. 사와의 독점계약으로 도서출판 프시케의 숲에 있습니다. 저작
권법에 의해 한국 내에서 보호를 받는 저작물이므로 무단 전재와 복제를
금합니다.

자존감이
바닥일 때
보는 책

Woman's Self-Esteem

너새니얼 브랜든 지음
노지양 옮김

프시케의숲

애슐리 빅토리아 제라에게.
이 책이 너에게 말을 걸 날이 있으리라 믿으며
— 할아버지가

서문

자존감, 나를 위한 용기

이 책에서는 자존감의 기본 개념을 소개하고 일상생활 속에서 실제적인 갈등과 싸우고 있는 여성들이 자존감의 원칙을 적용할 수 있는 방법을 살펴보려 한다. 학문적인 내용을 깊이 다루는 연구서가 아닌 가볍게 읽을 수 있는 입문서라 할 수 있으며 모든 인간을 대상으로 한 전작과는 달리 이번에는 특히 여성에게만 초점을 맞추었다.

나의 핵심 주장을 전달하기 위해 심리상담가로서 활동하며 실제로 만난 여성들의 사례와 그 사례에서의 경험과 생각을 소개한다. 이 책에 등장하는 여성들이 나누어준 고민과 그들이 해결 방법에 이르는 과정은 이 책에서 가장 빛나는 부분이라 할 수 있을 것이다. 하지만 그저 타인의 사례를 접하는 데 그치지 않고 우리 각자의 자존감 상승과 개인적 성장을 목표로 하고 그에 따른 실천 과제를 담았다. 이 책에서 강조하고자 하는 것은 생각이나 감상보다는 '행동의 변화'다.

최근 지나친 자존감 교육을 비판하는 목소리들이 나오고 있지만 자존감에 대한 관심은 절대로 '미국적인 유행'이 아니다. 이제 러시아와 남아프리카, 말레이시아까지 전 세계 모든 인구가 자존감이라는 주제에 폭발적인 관심을 갖고 있다.

1997년 가을, 합동 연구를 위해 싱가포르를 방문하게 되었다. 우리의 방문 소식이 알려지면서 일반 대중을 위한 강연이 기획되었다. 심리상담가인 아내 데버스와 함께 '여성과 자존감'이라는 주제로 강연을 준비했다. 기획 당시에는 얼마나 많은 사람들이 자존감 강연에 참여하게 될지 아무도 예상하지 못했다. 강연이 시작되기 전부터 강당의 600석이 가득 찼고 200명 정도가 강당 옆의 공간에서 텔레비전 모니터로 보았으며 500명의 청중들은 그마저 앉을 곳이 없어서 발길을 돌려야 했다. 청중의 90퍼센트는 여성이었고 10퍼센트는 남성이며, 싱가포르인, 중국인, 일본인, 말레이시아인, 베트남인이

대다수이고 코카서스 백인은 소수일 뿐이었다. 그들의 자존감에 대한 관심은 열렬했다. 수많은 질문이 나왔지만 결국 그들이 하고자 하는 말은 한 가지 주제로 수렴되었다.

"나의 가족, 우리 문화의 압박에서 벗어나 내 인생을 개척하고 싶습니다. 나를 위해 싸울 수 있는 용기를 어떻게 얻을 수 있을까요?"

그 여성들은 스스로를 피해자로 여기지도 않았고 남성들이 자신의 적이라고 주장하지도 않았다. 그저 자신이 원하는 인생을 만들기 위해 어떤 행동부터 해야 할지만 간절히 알고 싶어 했다. 행사의 저녁이 점점 깊어가면서 점차 확고부동한 깨달음이 찾아왔다. 자존감의 성장에는 반드시 개인의 도전과 용기가 수반되어야 한다는 것이다. 그것은 이 책에서 거듭 강조하는 주제 중에 하나이기도 하다.

자존감이라는 주제를 다룰 때는 두 가지 측면을 고려해야 한다. 첫 번째로 자존감을 위해서는 현재의 자아에 손상을 입힌 어린 시절의 트라우마와 대면하고 정신적 상처를 치유해야 한다. 다시 말해서 내 인생의 부정적 요소를 제거하는 것이다. 두 번째는 긍정적인 요소를 개발하는 것이다. 자아 효능감과 자아 가치를 더 강하게 하기 위한 방법을 적극적으로 배우고 실천해야 한다. 이 책에서 본격적으로 다루는 내용은 후자다.

어린 시절의 트라우마 치료에는 보통 심리치료나 여러 형태의 전문적인 도움이 필요할 수 있지만, 후자의 경우 그렇지 않다. 충분한 동기와 의욕이 있는 성인이라면 얼마든지 개척하고 추구할 수 있는 영역이다. 이 책에 나오는 아이디어와 제안을 실험해볼 수도 있을 것이다. 40여 년 동안 상담하고 사람들을 만나면서 내가 깨달은 결론은 사람들이 대부분 자신의 자아와 능력을 과소평가하는 경향이 있다는 것이다. 우리는 우리의 문제보다 큰 사람들이다.

처음 이 책에 대한 논의가 나오던 순간부터 가능성을 보아준 이 책의 기획자이자 편집자 앨런 린츨러에게 감사의 마음을 전하고 싶다. 책의 구성에 도움이 된 유익한 조언과 한결 같은 열정은 그와 작업하는 일을 항상 즐겁게 해주었다.

또 내 아내 데버스에게도 (행복한) 마음의 빚을 졌다. 내 작업의 열렬한 지지자이며 엄격한 비평가인 아내는 자신이 상담하는 여성들에게 자기 인생에 책임을 갖고 희생자가 되지 않아야 한다고 조언한다(남성들에게도 그렇게 한다). 또한 그녀는 여성 심리라는 주제를 논할 때 내가 가장 진지하게 경청하고 결정적인 도움을 받는 사람이기도 하다.

                            캘리포니아 베벌리힐스에서
                                너새니얼 브랜든

차례

서문 | 자존감, 나를 위한 용기 ── 007

1부   나는 왜 나를 밀어내는가
   1장 나를 세우는 단단한 자존감 ── 017
   2장 일상을 의식한다는 것의 의미 ── 030
   3장 불편한 감정을 웃으면서 받아들이는 법 ── 038
   4장 나는 왜 나를 밀어내는가 ── 047
   5장 이제 '착한 사람'을 그만두기로 했다 ── 057
   6장 까칠한 사람이 자존감이 낮은 이유 ── 065
   7장 목표가 있는 삶 ── 074
   8장 지금 정직하게 살고 있습니까 ── 083

2부   행복이 두려운 사람들
   9장 자존감 없는 사랑의 끝 ── 095
   10장 우리는 모두 에고이스트가 되어야 합니다 ── 104
   11장 질투에 대하여 ── 113

12장 모욕하지 않고 분노를 표현하는 기술 ― 121
13장 지금 나랑 싸우자는 거지? ― 128
14장 성공이 진심으로 두려운 사람들 ― 142

3부 자꾸 선을 넘는 당신에게

15장 말보다 큰 행동의 힘 ― 153
16장 자꾸 선을 넘는 당신에게 ― 160
17장 차이를 만드는 것은 무엇인가? ― 167
18장 12시간의 선물 ― 175
19장 나는 행복하기로 결심했다 ― 184

옮긴이의 말 | 자존감, 나와의 내밀한 대화 ― 193

1부

나는 왜 나를 밀어내는가

1

나를 세우는 단단한 자존감

자존감은 인간의 가장 기본적인 심리적 욕구라 할 수 있다. 오늘날 자존감을 놓고 무수한 이론과 의견, 일상 대화가 오고가지만 '자존감self-esteem'이라는 단어가 근본적으로 어떤 의미를 갖는지를 제대로 이해하고 있는 이가 생각보다 적다는 사실이 놀랍기도 하다.

텔레비전 쇼의 출연자나 배우는 이렇게 말한다.

"그 남자가 결국 날 바람 맞혔어. 그 순간 내 자존감이 산산조각 나버렸다고."

18세기 프랑스 귀족 사회에서의 사랑과 유혹과 배신을 다룬 영화에는 이런 대사가 등장하기도 한다.

"당신을 처음 본 순간부터 당신을 원했소. 나의 자존감이 그것을 요구했소."

어떤 광고에서는 특정 비누를 쓰면 자존감이 저절로 상승할 것처럼 말한다.

굉장히 중요한 개념이 이렇듯 하찮고 사소해지는 경향이 생겨버렸다. 하지만 그럼에도 우리가 살면서 내리는 수없이 많은 판단 중에서 내가 나 자신에게 내리는 판단만큼 중요한 것이 있을까?

내가 나에게 내리는 판단은 우리 삶의 모든 순간마다 우리 존재의 모든 일면에 막대한 영향을 미친다. 스스로에게 내리는 가치 평가 안에서 나는 행동하고, 반응하고, 가치를 선택하고, 목표를 설정하고, 내 인생의 모든 도전을 마주하게 되는 것이다. 내 삶의 크고 작은 사건 앞에서 나의 반응은 내가 누구인가와 내가 나를 어떤 사람으로 생각하느냐에 따라서 결정된다. 이 후자가 바로 자존감이다.

자존감은 나라는 사람을 삶의 기본적인 도전에 대처할 능력이 있고 행복할 가치가 있는 사람으로서 인식하는 자질이다. 자존감은 두 가지 요소로 구성된다. 첫 번째는 자기 효능감이다. 자기 효능감이란 생각하고, 배우고, 선택할 능력이 나에게 충분히 있으며 현명한 결정을 내릴 수 있다는 자신감이 있는 것을 뜻한다. 두 번째는 자기 존중이다. 자기 존중이란 내가 행복할 권리가 있음을 확신하는 것이다. 즉 성취, 성공, 우정, 존경, 사랑, 만족이 나를 위해 준비되어 있다고 믿는 것이다.

"삶의 기본적인 도전"을 감당한다는 것은 무엇일까? 기본적인 생활 능력을 갖추고 이 세상 안에서 나 자신을 돌볼 수 있으며, 또한 인간관계에서의 능력, 즉 나 자신과는 물론 타인과 대체로 만족스러운 관계를 지속시킬 수 있는 능력, 역경에서 다시 일어날 수 있는 회복탄력성, 포부나 열망을 위해 견디는 인내력을 갖추고 있음을 의미한다.

자존감이 기본적인 인간의 욕구라 함은 그것이 곧 인간의 정상적이고 건강한 발전에 필수불가결한 요소라는 의미다. 일종의 생존 기제라 할 수 있다. 긍정적인 자존감이 부재했을 때 심리적인 성장은 지연된다. 긍정적인 자존감은 의식의 면역 체계로 작용하면서 저항력, 지구력, 재생력을 제공한다. 자존감이 낮아졌거나 훼손되었을 때 인생의 문제 앞에서 회복탄력성이 감소된다. 자존감이 낮은 상태에서 우리는 기쁨을 경험하기보다는 고통을 피하려는 욕망에 더 큰 영향을 받게 된다. 긍정성보다 부정성이 우리에게 더 큰 힘을 행사한다. 나 자신, 곧 나의 효능감이나 내 안의 장점들(사랑스러운 점)을 믿지 않으면, 우리에게 이 우주는 무섭고 두렵기만 한 장소가 된다.

우리 주변에는 전통적인 여성의 성역할을 던져버리려 하는 여성, 감정적·지성적 자립을 위해 애쓰는 여성, 다양한 직종에서 자기 능력을 발휘하려는 여성, 자기 사업을 시작하는 여성, 과거 남성의 보루였던 영역을 침범하려는 여성, 수만 년 된 편견과 관습들에 도전하는 여성들이 수없이 많다. 이들에게 자존감은 없어서는 안 되는 자질이다. 그저 성공하기 위해 필요할 자질이라 말하기에는 부족하다. 이 자존감 없이는 자아실현이라는 쉽지 않은 싸움에서 질 수밖에 없다.

남성과 여성 모두 자신의 정신과 자신의 가치에 대해 합리적이고 현실적인 자신감을 갖고 있으면, 내 안에서 안정감을 느끼면, 시시때때로 다가오는 도전과 기회에 적절하게 대응할 수 있게 된다. 왜냐하면 자존감은 힘을 부여하고, 에너지를 공급하고, 지속적으로 동기 부여를 해주기 때문이다. 자존감은 우리를 성취의 방향으로 이끌고, 그 성취 안에서 마음껏 기뻐하고 자부심을 가져도 된다고 말한다.

자존감이 높을 때면 도전을 찾고, 고무적인 경험을 구하고, 도달하기 쉽지 않은 목표도 쳐다본다. 그러한 목표에 도달했을 때 자존감이 더 커지는 경험을 하기도 한다. 자존감이 낮을 때면 익숙하고 쉽고 편한 것이 주는 안정을 우선적으로 찾게 된다. 지루하고 만만하고 부담이 없는 상황에 자족하다 보면 자존감이 서서히 낮아지기도 한다.

단단한 자존감을 가질수록 직업이나 개인적인 삶에서 피해갈 수 없는 문제가 일어나더라도 능숙하게 대처할 수 있고 실패 후에 더 빨리 추스르게 되며, 다시 시작할 수 있는 에너지를 자기 안에서 얻는다. 가끔 실패하고 후퇴할 수는 있지만 그렇다고 해서 경쟁적인 분야에서 사업을 시작하려고 하거나 혹은 직업적으로 성공하려 부단히 애쓰는 자신감 강한 여성이 단번에 주저앉지는 않는다. 결혼 생활에 실망하거나 가슴 무너지는 연애를 했다 해서 자아가 완전히 무너져 앞으로 받지도 않을 상처가 두려워 친밀한 관계를 피하고 무기력에 빠지지는 않는다.

자존감이 높은 사람일수록 야망은 더 커지는 경향이 있다. 여기서의 야망이란 반드시 직업이나 재정적인 의미에서가 아니라 우리 삶에서 경험의 폭을 의미한다. 감정적·낭만적인 관계에서도 이상을 높게 갖고, 지성적·창의적·정신적인 면에서도 더 큰 사람이 될 것이라는 야망을 갖는다. 자존감이 낮을수록 덜 열망하고 더 안주하며 덜 성취하게 된다. 어떤 이는 자기 강화의 길로 가지만 어떤 이는 자기를 점점 더 구속하게 된다.

자존감이 높을수록 자신을 표현하고자 하는 욕망은 강해지고 내면 또한 그에 따라 풍요로워진다. 자존감이 낮을수록 지금 당장 남들 앞에서 나 자신을 '증명해야' 할 필요를 느끼거나, 그저 기계적이고 무의식적으로 살면서 내가 누구인지조차 잊어버린다.

자존감이 높을수록 더 열린 대화를 하고, 더 솔직해지고, 상황과 장소에 어울리는 대화를 할 줄 알게 된다. 나의 생각이 가치가 있다는 것을 믿기에 가능한 한 명확하게 그 생각을 전달하려 한다. 자존감이 낮을수록 얼버무리고 애매하거나 적절하지 못한 말을 한다. 나의 사고나 감정을 확신하지 못하면 듣는 사람의 반응을 두려워하기 때문이다.

자존감이 높을수록 유해한 관계보다는 건강한 관계를 형성하려는 성향을 보인다. 좋아함이 좋아함에 끌리고 건강함이 건강함에 끌리는 것과 같은 이치라 할 수 있다. 자존감이 높은 사람에게 다른 사람의 활력과 적극성은 무기력과 의존성보다 더 매력적으로 보일 수밖에 없다. 자신감 있는 남성과 자신감 있는 여성은 서로에게 끌린다. 안타깝지만 정서적으로 불안정한 여자와 남자도 서로에게 끌리기 마련이다. 그들은 서로를 해치는 파괴적인 연애를 하기도 한다.

남성과의 행복한 관계를 만들어갈 희망을 품고 있는 여성에게 그 무엇보다 중요한 요소가 자존감이다. 당신의 자존감뿐만 아니라 그 남자의 자존감 모두가 중요하다. 사랑을 가로막는 가장 큰 벽이 뭘까? 자신이 그리 사랑할 만한 사람이 아니라고 뿌리 깊이 느끼는 것이다.

이 세상에서 반드시 성공시켜야만 하는 첫사랑이 있다면 바로 우리 자신과의 사랑이다. 그 사랑을 성공시킨 후에야 우리는 다른 사람과의 관계를 맺을 준비가 된다. 그 후에야 우리는 온전히 사랑할 수 있는 능력을 갖추게 되고 다른 이들의 사랑을 온 마음으로 받아들일 수 있게 된다. 즉 다른 사람이 사랑받을 만한 우리를 사랑하도록 허락하는 것이다. 이런 종류의 자신감이 없다면 타인의 사랑은 절대로 진정성 있거나 설득력 있게 느껴지지 않으며 우리 안의 불안함이 그 사랑을 어떻게든 깎아내릴 방법을 찾아내려 한다.

확고한 자존감을 가진 여성은 다른 사람들을 합당하게 대우하고, 타인도 나에게 잘해줄 것을 요구한다. 그녀는 타인이 넘어올 수 없는 선을 명확히 긋고 자신이 선택한 남성이라 해도 받아들일 수 없는 행동을 한다면 거부한다. 단지 사랑에 빠졌다는 이유로 나쁜 대접을 받는 것을 참지 않는다. 그녀는 사랑을 고통이 아니라 환희와 연결시킨다. 자신이 직업적으로 성공할 만한 가치가 있는 사람이라고 믿는 것처럼 사랑받을 '가치'가 있는 사람이라고 굳게 믿는다.

보다 긍정적인 자존감을 쌓아가기 위해 쉽지 않은 노력을 하고 있는 여성들은 종종 이렇게 묻곤 한다.

"남자들도 자존감 높은 여자를 좋아하나요?"

나는 대답한다.

"자존감이 어느 정도 높은 남자라면 여성의 자존감에 가치를 부여합니다. 그런 남성들은 겁먹은 아이와 파트너가 되고 싶어 하지 않아요. 그리고 자존감 있는 여자라면 자신감 있는 여자를 두려워하는 남자를 원하지도 않겠죠?"

나는 자존감이 매우 내밀한, 나만이 아는 경험이라는 점을 강조하고 싶다. 자존감은 어떤 한 인간의 가장 깊은 곳에 자리 잡고 있는 의식이다. 내가 나에 대해 생각하고 느끼는 감정이지 다른 사람들이 나에 대해 생각하고 느끼는 감정이 아니다. 가족에게 사랑을 듬뿍 받고, 동반자에게 열렬히 사랑받고 친구에게 무한히 사랑받을 수 있지만 정작 나 자신에게 사랑받지 못할 수도 있다. 동료들에게는 존경받지만 내 자신은 나를 무가치한 인간이라 여길 수도 있다.

모든 사람을 속일 정도로 확신 있는 포즈를 하고 자신만만한 이미지를 표방하고 있다 해도 남몰래 부족하고 무능하다고 느끼며 불안에 떨고 있을지도 모른다. 다른 사람들의 기대는 충족시키지만 정작 내 기대를 맞추는 데는 매번 실패하고 있을지는 모른다. 세상의 모든 존경을 온몸으로 받지만 본인은 인생에서 이룬 것이 없다며 매일 밤 자책할 수도 있다. 수백만 명의 팬들의 사랑과 애정을 받지만 매일 아침 눈을 뜨며 자기기만과 공허함을 느끼고 스스로를 혐오할 수도 있다. 하루도 약 없이는 살지 못하는 세계적인 록 스타를 생각해보자. 긍정적인 자존감을 자기 것으로 만들기 전에 '성공'한 사람은 자기 정체가 발각될 날을 기다리는 사기꾼처럼 느낀다.

다른 사람들에게 받는 존경과 인정도 우리의 자존감을 형성해주지 못한다. 학식도, 결혼도, 부모 역할도, 물질적 성공도, 봉사활동도, 성적인 쾌락 추구도, 성형수술도 그 일만큼은 해주지 못한다. 나 자신에 대해 일시적으로 더 좋은 기분을 느끼게 해주거나, 특정한 상황에서 심리적으로 더 편안하게 해줄 수는 있다. 하지만 심리적 안정이 자존감은 아니다.

나는 심리학자로서 지난 30여 년간 자존감을 연구하고 자존감을 구하는 사람들과 상담해왔고 건강한 자존감을 위한 필수적인 덕목과 실행 방식을 다음과 같이 정리했다. 의식적으로 살기, 자기 수용하기, 자기 책임지기, 자기주장하기, 목표에 집중하기, 자아 통합하기(말과 행동 일치)이다. 이 분야에서 나의 대표 저작으로 여겨지는 《자존감의 여섯 기둥》에서 각각의 의미를 매우 상세하게 다루었으나 여기서는 이 기본개념들을 대략적으로 설명하고자 한다.

의식하는 삶을 산다는 것은 있는 그대로의 내 현실을 회피나 부정 없이 존중하는 것을 말한다. 어떤 행동을 하면서 그 행동을 하는 나를 실감하는 것이다. 나의 관심사, 가치, 목표 안에 담긴 의미를 이해하려 노력하는 것이다. 나를 둘러싼 외적 세상과 나의 내면세계를 인식하는 것이다.

자기 수용은 부정하거나 끊어버리지 않고 생각과 감정과 행동의 실체를 내 것으로 인정하고 온전히 경험하는 것이다. 때로 내 감정과 결정을 존중하지 못하고 내가 성에 차지 않을 수도 있지만, 그렇더라도 나를 존중하고 나에게 연민을 갖는 것이다. 나에게 적대적이거나 나와 맺는 관계를 거부하지 않으려 하는 의지다.

자기 책임이란 내가 나의 선택과 행동의 주인임을 인정하는 것이다. 내 성취의 궁극적인 자원은 나다. 어느 누구도 우리를 떠받들기 위해 존재하지 않으며 어느 누구도 내 인생을 바로잡아주기 위해, 날 행복하게 하기 위해, 나에게 자존감을 주기 위해 오지 않는다.

자기주장이란 내가 원하는 바와 욕구를 존중하고 현실 안에서 그것을 표현하는 적당한 방식을 찾는 것이다. 타인과의 만남 안에서 나 자신을 존중하며, 타인 앞에서 진정한 내가 되고 그들도 진짜 내 모습을 보게 하는 것이다. 또 우리 신념과 가치와 감정을 스스로 지지하는 것이다.

목적에 집중하기란 목표를 찾는 것이 내 책임임을 알고 목표까지 가도록 만드는 행동을 하며, 계속 내가 그 길에 머물면서 성취로 향해 가는지 지켜보는 것이다.

자아통합이란 나에게 충실하기 위해 행동의 원칙들을 갖는 것이다. 내가 아는 나와 세상에 보여주는 나, 그리고 나의 행동이 일치되도록 하는 것이며 스스로에게 한 약속을 지키고 나의 결심을 존중하는 것, 즉 언행일치가 되는 것이다.

그동안 내가 조직하고 함께한 자존감 그룹 안에서 이러한 요소들을 머리로만 아는 데 그치지 않고 실제 생활에 적용하는 법을 배우면서 자신의 삶을 변화시켜가는 사람들을 보았다. 그 과정에서 자아가 점점 단단해지고 건강해지면서 그들의 어깨를 무겁게 내리누르던 '신경증적인 증상들'이 떨어져나가는 것도 목격했다.

과거 대부분의 문화에서 자존감이 여성의 가장 빛나고 돋보이는 자질이었던 적은 없다(물론 남성에게서도 그리 자주 보이던 자질은 아니지만 그건 다른 이야기다). '여성성'은 대개 적극성이 아니라 수동성, 독립성이 아니라 의존성, 자립성이 아니라 의존성, 자기 축복이 아니라 자기희생과 동일시되었다. 여성성을 바라보는 전통적인 관점에 도전하거나 여성의 힘과 잠재력을 존중하려는 비전을 유지하는 것만으로도 자존감을 높이는 행위라고 할 수 있다.

자존감이 성취의 핵심이라면, 어떻게 그것을 내 것으로 만들 수 있을까?

앞으로 진정한 자존감이 어디에 달려 있는지를 탐구해나갈 것이다. 적어도 자존감이 우리의 행동에 달려 있으며 왜 그러한지에 대해서는 반드시 짚어보려고 한다. 자존감에 대해 넓게 퍼져 있는 잘못된 편견, 대표적으로 자존감이 다른 사람에게서 받을 수 있는 선물이라는 개념에 대해서도 파헤칠 것이다. 성인 여성인 당신이 자신을 위해 무엇을 할 수 있는지, 왜 당신의 자존감은 온전히 당신 책임이며, 오직 당신에게 속한 것인지를 설명하려고 한다. 긍정적이든 부정적이든 자존감에 영향을 미치는, 자존감을 올라가게도 하고 떨어지게도 하는 믿음과 행동에 대해서도 알아볼 것이다. 당신이 가지고 있는지도 모를 능력이 무엇인지도 알게 될 것이다.

이 책의 기본적이며 궁극적인 목적은 당신의 자존감을 강하게 하는 것, 당신 안의 최고를 누리기 위해 싸우는 당신을 지지해주는 것이다.

2

일상을 의식한다는 것의 의미

 몇 년 전 경영 컨설턴트인 세리나란 여성이 이런 말을 했다.

 "내가 결혼한 남자를 보면서 크게 놀랄 일이 그리 많지는 않다고 생각해요. 처음부터 관심 있게 지켜보았다면요. 사람들은 본인 행동을 통해 보통 자신이 누구고 어떤 사람인지 꽤 명확하게 밝히거든요. 문제는 우리가 보려고 하지 않는다는 거지요. 아니면 희망적인 관측에 빠져 실체를 놓쳐버릴지도. 어쩌면 나의 욕구나 외로움에 조종당하는 건지도 몰라요. 판타지를 창조해내고 남편이 그 판타지 속의 인물이 아니라는 사실에 불같이 화를 내지요. 사실 그 남자는 한 번도 그런 척한 적도 없는데요. 하지만 안대를 벗고 볼 의지가 있다면, 우리 앞에

펼쳐진 모든 걸 보겠다는 의지가 있다면, 그럼에도 불구하고 열정적으로 사랑을 한다면, 그때부터 우린 그것을 성숙한 사랑이라고 부를 수 있지 않을까요?"

나는 세리나가 특별할 정도로 높은 자존감을 지닌 여성이며 그녀의 말 안에 그 이유가 드러나 있다고 생각한다. 그녀는 의식하면서 살아가는 사람이었다. 현실을 있는 그대로 존중하는 모습을 보여준다. 그녀는 아주 고도로 발달된 의식 안에서 생활을 운용하는 사람이었다. 어떤 행위도 이보다 더 자기를 강화해주지 않는다. 그런데 그 이유를 알기는 어렵지 않다.

의식하는 삶이란 자존감의 원인이며 결과이기도 하다. 더 많이 의식하면서 살수록 내 마음을 더 많이 신뢰하게 되고 내 가치를 존중하게 된다. 내 마음을 신뢰하고 가치를 존중할수록 의식하며 산다는 것이 더 자연스럽게 느껴진다.

만약 우리가 (실제로) 무의식적으로 데이트하고 무의식적으로 결혼하고 파트너와 무의식적으로 소통하며 산다면 두 가지 예상 가능한 파국이 발생한다. 첫째, 우리 자존감에 악영향을 미치게 될 것이고 둘째, 우리의 관계에 막대한 피해를 줄 것이다.

"하지만 낭만과 로맨스라는 게 뭘까요?"

나와 심리상담을 하던 한 여성이 물었다.

"그렇게 모든 걸 머리로 의식하고 있으면 짜릿함이라든가 충동적인 재미는 어디에서 얻는 거죠?"

"그렇다면 당신이 뭘 하고 있는지 아는 것이 그다지 재미있지가 않다는 건가요?"

내가 대답하자 그녀는 멋쩍게 웃었다.

실제로 많은 사람들이 매사에 의식적으로 사는 건 그리 바람직하지 않은 자세인 것처럼 말한다. 의식적으로 행동하는 것은 굳이 하지 않아도 될 정신적 노력을 요구하는 것만 같고, 상황을 예리하게 의식한 후에 그다지 대면하고 싶지 않은 나의 진실과 맞닥뜨리게 될지도 모른다고 생각한다. '나쁜 남자'가 누출하고 있는 이 위험한 경고신호를 못 본 척하기를 선호한다면 우리는 곧 새로운 연애가 주는 드라마로 고통 받게 될 것이다. 그 뒤를 따르는 충격과 환멸이라는 드라마에서 허우적거리다가 또 다른 '나쁜 남자'와 새 연애를 시작하면서 똑같은 연극을 계속하고 머리를 쥐어뜯게 될 것이다.

내가 강연 중에 이 패턴을 지적하면 웃음을 터트린다. 그제야 인식하며 충격을 받는 것이다. 어떤 사람이 농담처럼 말했다.

"스릴과 가슴 아픔을 굳이 포기해야 할까요?"

나는 이렇게 대답하고 싶다. 사랑과 행복이 맹목과 무지보다는 자각이나 의식에서 온다는 것을 잘 아는 여성은 포기한다고.

가끔은 우리 안의 불안정과 불확신 때문에 매번 의식하며 사는 것이 어려워진다. 나와 상담하던 한 여성이 말했다.

"만약 내가 아는 것을 기꺼이 인정하고 스스로를 속이지 않겠다고 결심하면 절대로 월터 곁에 머물 수 없을 거예요. 하지만 난 두려워요. 이 안전한 곳을 뛰쳐나간다 해도 더 잘살 수 있으리란 보장은 없지요. 그래서 눈을 감고 바보가 되어 흘러가는 대로 놔두는 거지요."

반면 내게 오랫동안 상담을 받아온 고객인 엘시는 어느 날 자랑스럽게 이런 이야기를 들려주었다.

"직장에서 믿기지 않을 정도로 매력적인 남자를 만났어요. 같이 커피를 마셨지요. 그가 전에 사귀었던 여자들에 대해 이야기하는 것을 가만히 들어보니 이 남자는 여자를 좋아하는 남자가 아니었어요. 선택을 해야 했지요. 그 사실을 알면서도 이 사람과 잘 해보려고 노력해보고 조만간 닥칠 고통을 예약해두느냐, 아니면 그 자리에서 그 사람을 포기하느냐. 이제 내 인생에서 고통은 충분히 겪었다고 생각했어요. 그 남자에게 관심이 없다고 예의바르게 말했지요."

나는 개인 심리상담을 하면서 여러 기업과 조직에 컨설턴트로도 일하고 있다. 조직 안에서도 누가 예리하게 자기 위치를 의식하고 일하는지, 누가 말하자면 정신승리를 하면서 하루를 보내는지가 눈에 보인다. 사람들이 묻는(혹은 묻지 않는) 질문을 보면, 그 사람이 능력의 범위를 넓히고 싶은 욕구를 보면(혹은 의무를 벗어나는 일은 무조건 회피하는 모습을 보면) 바로 알아챌 수 있다.

마블은 서른다섯 살에 보험회사에서 취직하여 새로운 업무를 맡게 되었다. 그녀는 자신이 맡은 업무의 숙련도를 높이려고 노력했고 일처리를 더욱 효율적으로 하기 위한 방법들을 찾아보았다. 일을 하면서도 자신의 작은 업무가 큰 그림 안에서 어떤 역할을 하는지 보려 했다. 그래야 더 승진할 자격을 갖출 수 있으며 입사했을 때의 위치에 오래 머무르지 않으리라는 것을 알았기 때문이었다. 그녀는 기본적으로 배우고 싶었다. 자신감, 생산성, 유능함을 갖고 계속 성장하고 싶었다.

같은 회사에 고용된 앤지는 주어진 업무의 순서와 방법을 열심히 외웠다. 부정적인 관심만 받지 않으면 이대로 계속 안정적으로 일할 수 있을 것이라 생각했다. 도전은 매력적으로 보이지 않았다. 그녀의 사고는 오직 스트레스 없는 삶에 대한 욕구를 중심으로 돌아갔다. 기본적인 업무를 수행할 때 필요한 생각은 했지만 그 일이 본인에게 어떤 영향을 미치는지까지는 관심을 두지 않았다. 자신의 주요 관심사는 회사에서 오늘 어떤 일을 했는지가 아니라 퇴근 후에 친구들과 어디에서 무엇을 하는지라고 생각하곤 했다. 자기 자리만 지킬 뿐 다른 부서나 직원에게 시선을 보내지도 않았다. 자신의 업무가 회사 전체의 범주에서 어떤 위치를 차지하는지에 관해 호기심을 갖지 않았다. 책상 앞에 작은 시계를 놓아두고 다섯 시 퇴근까지 남은 시간만 계산했다. 상사가 실수를 꾸짖으면 언제나 그랬듯이 핑계를 대고 속으로만 구시렁거렸다. 하지만 막상 마블만 승진하자 앤지는 당황스러웠고 자존심도 상했다.

마블과 앤지가 직업상 거둔 실질적인 성과도 각자 달랐겠지만 두 여성의 태도는 각자의 자존감에도 영향을 미쳤다. 전자가 자존감을 강화하는 쪽이었다면 후자는 점차 약화시키는 쪽이었다.

물론 앤지는 극단적인 성향을 대표한다. 하지만 그녀가 보여주는 패턴은 우리 삶의 다양한 영역에서 다양한 정도로 찾을 수 있지 않은가. 우리는 직장에서의 업무와 나의 위치를 앤지보다는 더 의식하는 편일 수 있지만 잠재력 계발에는 전혀 관심을 두고 있지 않을 수 있다. 완벽하게 의식하는 생활이 10점이고 앤지가 2점 정도 된다면 당신은 어디쯤이 될까?

자기 인식, 자기 발전, 자기 치유를 위해 내가 알고 있는 가장 효과적인 기술은 문장 완성 기법이다. 나는 고객들과 상담을 하다가 그들이 지금보다 자기 의식을 해야 할 필요를 느낄 때면 다음의 과제를 주곤 한다. 즉 다음과 같은 불완전한 문장을 제시하고 각각 6개에서 10개의 문장으로 완성해보라고 한다. 1~2주일 동안 매일 아침에 일어나서 나머지 문장을 써보라고 제안한다.

만약 지금보다 5퍼센트만 더 나의 일상생활을 의식한다면 _____할 것이다.

만약 지금보다 5퍼센트만 더 내 선택과 행동을 의식한다면 _____할 것이다.

만약 지금보다 5퍼센트 더 나에게 중요한 관계를 의식적으로 본다면 _____할 것이다.

의식하며 생활하기의 가장 어려운 점은 _____이다.

의식적으로 생활했을 때 나에게 돌아올 가장 큰 장점은 _____이다.

나는 점점 _____ 면에서 나를 의식하고 있다.

이 과제를 할 때는 중간에 멈추지 않는 것이 중요하다(연습하지도 검열하지도 않는다). 가능한 한 빨리 써내려가 보자. 문법적으로 이어지도록 문장을 채워 넣기만 하면 된다. 만약 막힌다면 지어내는 것도 좋다. 아무 말이나 써도 되니 무슨 말이라도 쓰라.

앞으로 2주 동안 매일 이 연습을 해보자. 얼마나 많이 배우게 되는지 깨닫고 놀라게 될 것이다. 당신 앞에 어떤 가능성이 열려 있는지 깨닫고 놀라게 될 수도 있다.

3

불편한 감정을 웃으면서 받아들이는 법

자기 인정 없이는 자존감의 존립 자체가 불가능하다고 할 수 있다. 자기 거부라는 패턴에 갇혀 있으면 개인적인 성장은 억압되거나 지연될 수밖에 없다. 무엇보다 중요한 건, 나를 거부할 때 나는 행복하지가 않다.

하지만 자기 인정은 증명할 필요 없이 자명한 상태 self-evident 와는 거리가 멀다. 몇 년 전 《나를 믿는다는 것 How to raise your self-esteem》을 집필할 때 이 주제로 가장 많은 분량을 써야 한다는 것을 알게 되었다. 자기 인정 개념의 핵심만을 전하면 다음과 같다.

'자기 인정하기'란 현실을 완전히, 부정이나 회피 없이 전부 경험하는 것을 의미한다. 이것은 그저 형이상학적으로 '인정하다'나 '수긍하다'와는 다른 개념이다. 또한 좋아하기, 존경하기, 용납하기와도 다르다. 내가 좋아하거나 존중하거나 용납할 수 없는 나 자신에 관한 현실까지도 받아들일 수 있어야 한다.

나보다 더 좋은 직업으로 승승장구하고 있으며 파트너와 더 만족스러운 관계를 누리고 있는 친구를 부러워하고 질투한다고 가정해보자. 자기 인정을 한다고 해서 이 부러워하는 감정을 좋아하거나 즐기는 것을 의미하지는 않는다. 그 감정을 부정하지도 멀리하지도 않고 그 감정을 내 감정으로 인정으로 경험하는 것을 의미한다.

비록 내가 지금 느끼고 있는 이 감정이 못마땅하더라도 내가 가치 있는 사람이라는 생각은 여전히 내 안에 머물러야 한다. 나는 사실을 존중하며, 이 경우에는 내가 부러워하고 있다는 사실도 존중한다. 그 감정을 얼마든지 느끼도록 허락하고 그 감정을 자세히 살피고 들여다보기도 한다.

지금 나에게 중요한 건 나를 '판단하기'가 아니라 내가 의식을 하는지 여부다. 이렇게 나의 감정을 들여다보면서 내가 왜 어떤 것을 그토록 질투가 날만큼 원하는지를 발견하게 될 수도 있다. 그렇다면 그에 대해 깊이 생각해볼 필요가 있을 것이다.

이렇게 반갑지 않은 내 감정들, 즉 질투, 분노, 두려움, 슬픔, 그 밖의 다른 불편한 감정들을 스스로 의식하면 종종 이 감정들이 사라지거나 물러나버리기도 한다. 하지만 노력 없이 그 감정들이 사라지지 않는다고 해도, 나는 그 지점에서 시작해야 한다고 생각한다. 반갑지 않은 감정을 받아들이지 않고서는 그 감정 속에서 나를 그 감정을 느끼는 존재 이상으로 발전시킬 방도가 없다. 어떤 장소를 가보지도 않고 떠날 수는 없는 노릇이다.

그러니 못마땅한 감정에 집중해보자. 숨을 깊고 부드럽게 들이쉬면서, 마치 문을 활짝 여는 것처럼 이 감정들을 얼마든지 내 안에 들어오도록 초대한다. 그 감정과 싸울 필요도 없고 밀어낼 필요도 없다. 당신은 당신이 느끼는 그 번잡하고 사사로운 감정들보다 더 나은 사람, 더 큰 사람이라는 사실만 인지하고 있으면 된다. 그러고 나면 그 안에서 변화와 성장이 일어날 수 있는 토대를 마련할 수가 있다.

폴라는 네 자녀를 키우는 주부다. 그녀의 남편은 가끔 아이들을 모두 데리고 외출을 하여 아내에게 소중하고 달콤한 자유 시간을 선사한다. 아무도 그녀에게 무언가를 원하지 않는 그 몇 시간 동안 평소 가족들 사이에서 느꼈던 감정과는 다른 낯선 감정이 찾아온다. 점차 내가 지금 나와의 시간을 너무나 즐기는 것 아닌가, 이런 내게 죄책감을 느껴야 하는 건 아닌가 싶어진다. 가끔은 순간적으로 만약 남편과 아이들이 이대로 '사라진다면' 그녀는 다시 자유롭고 홀가분한 삶을 살 수 있지 않을까 하는 생각이 스쳐가기도 했다. 그러자 바로 마음이 심란해졌다. 어떻게 그렇게 끔찍한 생각을 할 수가 있지? 다시는 그런 생각을 하지 못하도록 의식을 차단했다. 사실은 모든 주부들이 때로 그런 생각을 한다는 사실을 몰랐던 것이다. 그래서 이렇게 혼잣말을 했다.

"난 대체 어떤 여자지? 몹쓸 인간이 틀림없어. 나는 최악의 엄마야."

그리고 그때부터 자기 부정과 자기 거부라는 감정에 푹 빠져들고 말았다.

그녀가 여기서 자기 인정을 했다면 어떻게 되었을까? 그 생각이 그저 일시적이고 그녀의 진정한 신념은 아니라는 사실을 알지만, 그 생각을 하는 자신을 얼마 동안은 그대로 내버려두었을 것이다. 그 순간만큼은 그 생각이 그녀의 내면의 일부를 반영하고 있기도 하다. 그 사실마저도 받아들인다. 어쩌면 그런 생각이 스쳐간 이유를 들여다보면서 정말로 숙고하고 처리해야 할 진짜 불만과 짜증을 직시하게 되는지도 모른다. 여기서 그녀에게 중요한 건 자기 평가가 아니라 자기 이해가 되어야 한다. 그녀는 자기 자신의 친구가 된다. 자기도 모르게 한 생각이 자기의 자존감을 비추는 거울이 되지는 않게 해야 한다. 다음에 어떤 생각을 하고 죄책감을 느끼면 이 법칙을 적용해보자.

똑같은 원칙이 생각뿐만 아니라 행동에도 적용된다. 내게 찾아왔던 서른다섯 살의 여성 앨리스는 자신의 이십대를 절대 되돌아보고 싶지 않다고 했다. 그 시절에 마약을 하고 이름도 기억할 수 없는 남자들과 자는 등 기본적으로 자신을 학대했다고 했다. 그녀에게 그 젊었던 자신의 의식 속으로 들어가려고 노력해본 적이 있는지, 자신이 어디에서 왔는지 이해하려고 노력해본 적이 있는지, 그렇게 채우려고 했던 욕구가 무엇인지, 어떤 맥락에서 자기 행동을 정당화했는지 고민해본 적이 있는지 물었다.

"그 모든 걸 용납하란 말씀이세요?"

그녀는 분개했다.

"아니요."

나는 대답했다.

"이해하라고 말하고 싶을 뿐입니다. 그 당시 행동들 또한 부분적으로는 자기표현이었다는 사실을 받아들이면 어떨까요? 자기 파괴적인 행동이었을 수도 있지요. 자존감에 상처가 되었을 수 있어요. 그 점에서는 논란의 여지가 없겠지요. 하지만 그 일을 저질렀던 그 소녀를 모른 척하는 것, 마치 딸을 미워하는 부모처럼 고개를 돌려버리는 것이 현재의 당신의 자존감을 보호할 수 있을까요? 인생의 특정 시기를 바라보기를 거부하고, 그 소녀가 당신 자신이었다는 것을 거부하고, 그녀에게 어떤 종류든 동정심이나 연민도 갖지 않는 것이 지금 당신에게 어떤 도움이 될까요? 나라는 사람, 즉 당신이었던 사람의 일부를 싫어하고 거부하는 한 그 내면은 전쟁터일 수밖에 없어요. 자존감이 상처를 받지 않을 방법이 없어요."

그 상담 이후에 앨리스는 이 문제를 숙고하고 난 후 말했다.

"과거를 돌아보면서 그 여자도 나였다는 사실을 받아들이고 나니까 더 강하고 더 명확한 사람이 된 기분이었어요. 왜냐하면 더 이상 실제로 일어났던 사실과 싸우지 않아도 되니까요."

당신도 적용해보면 어떨까? 이렇게 생각해보자.

나의 경험을 좋아하진 않지만 그것 또한 우리 경험이었다는 것을 받아들이고 나면 현실과 나 자신은 한 편이 되고 그 결과 우리는 더 강력해진다. 그렇게 하지 못했을 때 나는 현실과 언제나 대치 상태에 있고, 늘 싸우고 있느라 더 허약해질 수밖에 없다.

안타깝게도 우리 중 많은 이들이 어렸을 때부터 어른들을 불편하게 하는 생각과 감정을 차단하는 법을 배웠다. 어른이 반대한다면 생각이 나도 생각하지 않아야 하고 느껴도 느끼지 않아야 한다고, 직간접적으로 강요받아왔다. 그렇게 자신의 일부를 떨쳐버리는 대가로 '사랑'과 인정이라는 보상을 받기도 했다. 두려움을 부정하고, 판단을 숨기고, 분노를 참고, 섹슈얼리티를 거부하고 열망을 눌러버렸다. 왜냐하면 그래야 가족이나 사랑하는 사람에게 '속하기' 때문이었다. 자기 거부의 패턴이 몸에 배고 나면 그 뒤로도 일생 동안 내가 나에게 잘 보이기 위해 같은 행동을 반복하게 된다. 원래의 목표는 자기 보호였지만 그 결과는 자기 고립이 되고 만다.

그 패턴을 이제는 뒤집어야 한다. 자기를 부인하는 것

이 아름다운 태도라는 생각은 버려야 한다. 자존감은 무조건적이고 가차 없는 사실 존중과 밀접한 관련이 있다. 그 사실은 나라는 사람에 대한 사실을 포함한다. 그렇기 때문에 자존감에는 자기 인정이 너무나 중요한 것이다.

그동안 상담하면서, 내면 깊이 자기를 인정하지 못하고 자기를 거부하기 때문에 아무리 노력해도 해결되지 않는 문제로 고통스러워하고 그 상태에서 너무 느리게 빠져나오거나 아예 빠져나오지 못하는 여성들(그리고 남성들)을 얼마나 많이 보아왔을까? 그런 방식을 거부하지 않으면 자기 치유는 불가능에 가깝다. 이런 사람들은 아무리 배우고 깨달아도 얼마 가지 못하고, 가끔은 눈에 보이는 변화가 있다 해도 일시적이거나 비영구적이다.

자기 인정은 나 자신과 대립관계에 있는 상태를 거부하는 몸짓이다. 자기 인정은 건강한 자존감을 쌓아갈 때 반드시 필요한 벽돌과도 같다.

자기 인정을 더 발전시키기 위해서 다음의 미완성 문장을 각각 완성해보자. 일주일에서 2주일 동안 매일 아침마다 6개에서 10개의 새로운 문장으로 각각의 문장을 완성해보자.

만약 내가 5퍼센트만 나를 더 받아들인다면 _____ 할 것이다.

만약 내가 5퍼센트만 내 생각을 더 받아들인다면 _____할 것이다.

만약 내가 5퍼센트만 내 느낌과 감정을 더 받아들인다면 _____할 것이다.

만약 내가 5퍼센트만 과거의 실수를 더 받아들인다면 _____할 것이다.

만약 내가 5퍼센트만 나 자신을 더 동정하고 연민한다면 _____할 것이다.

내가 자기 거부하는 버릇을 고친다면, _____할 것이다.

나는 점점 _____하다고 인식하고 있다.

4

나는 왜 나를 밀어내는가

내가 참여하는 심리상담 그룹에 있는 한 여성이 말했다.

"내가 만약 내 지적 능력을 완전히 인정하고 겉으로 드러내면 우리 가족들은 나와 절연할 걸요."

우리는 자기 인정이 자존감에 무척 중요하다는 것을 알지만 실제로 그에 따라 행동하기가 얼마나 어려운지 토론 중이었다.

다른 여성이 말했다.

"나에게 설레고 흥분되는 것들을 모두 경험하고 인정하려고 한다면 아무도 내 감정을 공감해주지 못해서 결국 외로워지고 말 거예요."

"내 능력을 지금보다 더 인정하고 남들 앞에 내세운다면 지금보다도 더 많은 의무와 책임만 갖게 되지 않을까요?"

다른 여성이 말했다.

"내 열정을 완전히 다 받아들이면 내 결혼이 지루하다는 걸 인정해야만 할 거예요. 그다음엔 어떻게 해야 하죠?"

"나의 섹슈얼리티를 다 받아들인다면 남편은 너무 놀라고 혼란스러워 할 거예요."

"나의 영성을 다 받아들인다면 그것이 나를 어디로 이끌게 될지 나도 모르겠어요. 익숙하지 않은 영역이니까요. 아마 다른 사람들로부터 완전히 소외된 느낌일 거예요."

"내가 남몰래 나 자신을 얼마나 좋아하는지를 인정한다면 아마 난 그 즉시 고아가 되어버리겠지요. 우리 엄마는 그런 나를 감당할 수 없을 테니까요."

자기 인정은 자존감에 필수적이다. "받아들인다는 것"은 현실을 부정하거나 멀리하려 하지 않고 완전히 경험한다는 뜻이다. 왜 수많은 사람들이 자신의 부정적인 생각과 감정과 행동을 받아들이기 어려워하는지는 쉽게 이해할 수 있다. 하지만 앞선 사례에서도 볼 수 있듯이 자기 자신을 받아들이기의 어려움은 긍정적인 자질들에도 똑같이 적용된다. 그럭저럭 안정적이고 평범한 일상에 불안과 동요를 일으킬까봐 우리가 가진 강점과 자산들도 부정하거나 못 본 척 넘어가버리고 싶어질 때가 있다. 어떤 이들에게는 우리 안의 좋은 면을 받아들이는 것이 우리의 '어두운 면'을 받아들이는 것보다 더 복잡하고 감당키 어려운 도전이 되기도 한다.

일반적으로, 자기표현이라는 측면에서 우리는 어떤 것을 경험할 능력은 있지만 그것을 마음껏 표현할 능력은 부족한 경우가 많다. 예를 들어, 자신의 우울하고 칙칙한 생각을 받아들이기를 거부하는 여성이라면 자신에게 문득문득 찾아오는 지혜로운 생각들도 흘려보내버릴 수가 있다. 자신의 소유욕과 물질적인 면을 받아들이고 싶지 않은 것처럼 자신의 정신적인 면 또한 거부하려 할 수가 있다. 자신의 슬픔을 보고 싶지 않은 것처럼 기쁨을 온전히 누리려고 하지 않을 수도 있다. 부끄러운 과거에 대한 기억을 억압하듯이 자랑스러운 행동들에 대한 기억들도 억압할 수가 있다. 자신의 무지를 부정하듯이 지식을 부정할 수도 있다. 자신의 한계를 받아들이기 싫어하듯이 잠재력을 받아들이길 거부할 수도 있다. 자신의 약점을 감추고 싶어 하면서 장점마저 감추려 하기도 한다. 자기혐오의 감정을 거부하면서 자기애라는 감정까지도 거부할 수 있다. 자신의 신체를 거부하려 하면서 자신의 정신까지도 거부하려고 할 수 있다.

《나를 믿는다는 것》에서 나는 이렇게 쓴 적이 있다.

"우리의 장점이나 미덕은 우리를 외롭게 하고 소외감을 느끼게 하고, 평범한 사람들에게서 멀어지게 하기도 한다. 때로는 질투와 적대감의 대상이 되기도 한다. 그래서 소속되고 싶어 하는 우리의 욕망이 내 안의 가장 훌륭한 잠재력을 실현시키는 욕망을 거세해버리게 하는 것이다."

만약 어떤 여성이 원래의 자신보다 더 나은 사람인 척한다면, 자신의 약점을 부정한다면, 그녀는 자신이 실제보다 더 못난 사람인 척하면서 자신의 능력도 부정할 수가 있다. 자신의 지성, 인지력, 확신, 강점, 활력, 열정을 감추며 살아갈 수 있다. 칭찬받아야 할 마땅한 훌륭한 자질들을 거부하게 될 수 있다.

왜 그럴까? 다른 가치를 보호하겠다는 명목 때문에, 예를 들어 결혼(남편이 아내의 강점에 위협을 받을지도 모른다)이나 가족이나 친구와의 관계(그녀에게 위협을 느끼거나 질투하게 될 수도 있다)를 보호하기 위해 그렇게 한다고 말한다. 혹은 자신의 능력을 완전히 드러내게 되면 책임만 늘어나고 그때 가서 겁이 덜컥 나게 될지 모른다고도 한다. 혹은 자기 인식이 제한되어 있어 자신의 가장 좋은 면을 수용하지 못할 수도 있다. 다시 말해서 현재의 평형 상태를 유지하기 위해 깊은 차원의 인식까지 들어가려 하지 않는 것이다.

우리는 그런 행동을 하는 사람들을 이해하고 공감하고 연민을 가질 수도 있다. 여성의 사회화 과정에서 자신의 능력을 억누르는 것이 습관이 되었다고 말할 수도 있다. 하지만 여기서 끝나야 할까? 자기 거부는 여전히 자기 거부일 뿐이지 않을까? 우리는 그것이 자존감에 얼마나 심각한 결과를 초래하는지 똑똑히 알아야만 한다. 그 이유가 무엇이 되었건 간에 자기의 실체를 자꾸 부정하고 깎아내리려는 행위의 결과는 상처받고 결핍된 자아일 뿐이다.

본인도 심리상담가이며 동료 심리상담사인 팀과 결혼한 클레어가 나에게 이렇게 말했다.

"이제 문제의 근본적인 원인이 보이기 시작해요. 그건 모두 진실을 말하는 이야기로 귀결되지요. 다른 동료들 앞에서 나는 덜 똑똑한 척, 덜 아는 척을 하지요. 그래야 팀이 더 돋보일 테니까요. 더 나은 상담실을 만들고

꾸려갈 자신이 있지만 그렇게 하지 않아요. 어릴 때부터 여자가 남자보다 월등하고 에너지가 넘치는 건 바람직하지 않다는 생각을 주입받으며 자랐거든요. 팀이 그런 생각을 강요하는 게 아니에요. 나 스스로 나를 가두는 거지요. 내가 나의 실체를 완전히 드러냈을 때 어떤 변화가 생길지 두렵고 팀이 나를 사랑하지 않을까봐 겁이 나기도 하니까요. 그렇게 계속 거짓말 속에서 살고 있는 거예요. 그러면서 점점 나도 나를 존중할 수 없게 되고요."

영화 조감독인 셜리는 이렇게 말한다.

"내 지적 능력을 인정한다면요. 제 말은, 끝까지 전부 다요. 그러면 책임을 지겠다는 말이 되겠지요. 다른 사람들이 나에게 더 많은 것을 요구하는 것도 문제지만 그보다 내가 나 스스로에게 욕심을 갖게 될 거예요. 하지만 솔직히 말해 나는 약간 무력한 기분이 드는 게 좋고 익숙해요. 그건 우리 가족들이 보아온 내 모습이기도 하니까요. 감독님은 내가 내 잠재력 근처에도 가지 않았고 얼마든지 더 훌륭한 경력을 쌓을 수 있다고 말해요. 그런데 그런 상상을 하면 불안해져요. 그건 내가 나를 생각하는 방식이 아니거든요. 솔직히 그분 말이 맞고 우리 가족들이 틀렸다는 것도 알지요. 이 간극을 감당할 힘이 내게 있을까요? 만약 이렇게 나의 어떤 면을 인정하면서도 그것을 감당할 힘을 찾지 못한다면, 그때 가서 어떻게 날 대면할까요?"

내가 어떤 사람인지를 완전히 알고 그 모습으로 살기 위해서는 적지 않은 용기가 필요하다. 남들 앞에서뿐만 아니라 홀로 있을 때 자기 스스로에게도 정직해야 한다. "다른 사람들이 하지 못하는 일이지만 나는 할 수 있어." "우리 가족 누구보다도 더 훌륭한 정신세계를 갖고 있어." "내 주변의 사람들보다 나는 내 인생에서 더 많은 걸 원해"라고 말할 수 있어야 한다.

관계 안에서 한 사람이 변하면 파트너 또한 변할 수밖에 없다. 관계란 서로 긴밀하게 연결되어 작동하는 시스템이기 때문이다. 한쪽이 변하는데 다른 쪽이 변하지 않으면 그 시스템의 평화가 깨진다. 갈등과 긴장이 일어나기 시작한다.

클레어는 상담을 받은 지 몇 개월 후에 이렇게 말했다.

"내가 점점 더 '커밍아웃'하면서 팀 또한 나만큼이나 적응을 해야 하는 시기가 있었어요. 일단 그는 방해하거나 참견하지 않는 법을 배워야 했지요. 더 중요한 건 그는 앞으로 내가 그 사람만큼, 아니 어쩌면 더 성공하고 많은 돈을 벌게 된다는 사실을 인정해야 하는 거지요. 그런데 팀은 무척 행복해하네요. 그 사람도 나를 제대로 보고 있어서일 거예요. 어쩌면 내가 망설이고 주저하면서도 자기 탓을 하지는 않았다는 것을 알 수도요. 내가 나에게 한 일들, 내가 만들어야 할 변화들은 모두 내 책임이니까요."

셜리 또한 좋은 쪽으로 발전하는 자기 모습을 바라보며 이렇게 말했다.

"언제나 나의 열렬한 지지자였던 여동생 한 명만 빼고 우리 가족들은 새로운 나를 보며 그렇게 기뻐하지는 않아요. 가족들은 내가 '자기 주제도 모르고 너무 나댄다'면서 얕보거나 빈정거리기도 하지요. 가족들을 예전처럼 자주 만나지 않아요. 물론 보고 싶어요. 하지만 내가 이제 내 자신의 모습을 받아들일 시간이라고 결정하지 않았다면 나는 나 자신의 많은 부분을 놓쳐버렸을 거예요. 가족들도 적응할지도 몰라요. 못할 수도 있고. 그래도 가족들이 걸림돌이 될 수는 없어요."

나 자신 안의 가장 최고의 모습에 진실해지면서 관계를 위태롭게 할 수도 있다. 그렇기에 그 안에서 흔들리지 않도록 강인해져야 한다. 나의 힘을 인정하면 우리의 관계가 더 단단해질 것이며, 나를 후퇴시키려는 관계는 언젠가는 끝나는 것이 좋다는 걸 인정할 정도로 성숙해져야 한다.

그 무엇보다 자신을 기만하는 일은 없도록 하자. 성장은 보통 위험과 고통을 수반할 수도 있다. 그 보답으로 우리는 내가 선택한 사람, 내가 되고자 한 사람이 되었을 때만 갖게 되는 자부심을 갖는다. 자신 안의 가장 훌륭한 모습을 끌어안은 후에 나중에 그렇게 한 것을 후회하는 여성을 단 한 명도 본 적이 없다. 하지만 이 선택을 피한 후에 남은 평생 동안 후회라는 형벌 속에 갇혀버리는 여성들은 수없이 보았다.

이 작업을 더 멀리 밀고 나가기 위해서 해야 할 문장 완성 연습이 있다.

내가 만약 5퍼센트만 나의 지적 능력을 더 받아들인다면 _____할 것이다.

내가 만약 5퍼센트만 더 나의 섹슈얼리티를 받아들인다면 _____할 것이다.

내가 만약 5퍼센트만 더 나의 영성을 받아들인다면 _____할 것이다.

내가 만약 5퍼센트만 더 내게 흥분을 가져다주는 것을 받아들인다면 _____할 것이다.

내가 숨을 깊이 들이마시고 내가 가진 나만의 힘을 느낄 의도가 있다면 _____할 것이다.

나는 점점 _____하다고 인식하고 있다.

5

이제 '착한 사람'을 그만두기로 했다

 어른들에게 복종하기, 사회에 순응하기, 예의 바른 태도, 교회에 빠지지 않기. 20세기 초반만 해도 이것들이 대부분의 부모들이 자녀들에게 심어주고자 했던 최고의 덕목이었다는 건 그 당시의 연구를 조금만 찾아보아도 알 수 있다. 하지만 지금은 어떨까? 우선순위가 바뀌었다. 1980년대에 같은 연구를 다시 했을 때는 이 중에 어떤 것도 자녀 교육의 우선순위가 아니었다.

 부모들이 자녀들에게 반드시 가르치고 싶다고 말한 덕목은 '자립심'이었다. 점점 더 복잡해지고 예측할 수 없는 세상에 성공적으로 적응하기 위해서 필요한 자질이 무엇인지 새롭게 눈을 뜨고 있다는 뜻이다.

 의식의 변화는 우리 모두에게 중요하지만 특히 여성

에게 더욱 중요하다고 할 수 있다. 사회가 변하면서 여성들은 자립심이 남성들만의 특권이 아니라는 사실을 점점 더 절감하게 될 수밖에 없다.

하지만 애석하게도, 아직까지도 많은 여성들은 자신의 운명을 개척하고 책임지는 주인이 되길 두려워한다. 자립심과 적극성보다는 수동성과 무력함 안에 알고 보면 '큰 힘'이 있다고 느끼기도 한다. 사회화 과정에서 그 생각이 굳어지기도 한다. 이 세상을 그들이 원하는 대로 바로잡아줄 '구원자'를 꿈꾸거나, 행복과 성취감과 자존감을 내게 '줄' 누군가를 꿈꾸기도 한다. 나와 상담한 어떤 여성은 쓴웃음을 지으며 이렇게 말하기도 했다.

"그게 바로 우리 엄마에 나에게 약속한 미래인 걸요."

하지만 자존감이나 효능감은 다른 사람에게 선물로 받을 수가 없다. 내 안에서 생성되거나 그렇지 않거나 둘 중 하나일 뿐이다. 자존감 생성에 가장 중요한 것이 바로 자기 책임을 배우고 실천하는 것이라 할 수 있다. 심리상담을 하면서 내가 수없이 목격한 사례들이 있다. 여성이 자기 존재에 대한 책임을 회피하기보다 받아들이려는 의지를 갖게 될 때 그 의지 안에서 엄청나게 강력한 힘이 흘러나온다는 것이다. 자기 책임지기는 다음을 포함한다.

> 나의 행동 책임지기
> 나의 결정 책임지기
> 나의 욕망 실현 책임지기
> 내가 택한 동반자와 그 선택의 결과를 책임지기
> 직업생활과 사생활에서 내 인간관계 방식을 책임지기
> 내 몸을 대하는 방식을 책임지기
> 내 행복을 책임지기

자기 책임이란 내 선택에 의해 발생한 모든 문제에 내가 적절한 방식으로 책임을 지는 것을 의미한다. 내 통제 밖에 있는 사람이나 사건에 대한 책임까지 감수하려 하는 것이 아니다. 나는 다른 사람의 행동에 책임이 없으며 내 행동에 책임이 있을 뿐이다.

치위생사인 베로니카에게는 7년 동안 사귄 연인이 있다. 그는 반복적으로, 거의 집착적으로 다른 사람에게 눈을 돌렸다. 그녀는 이렇게 불평했다.

"스탠도 같이 상담을 받길 바라지만 오지 않을 거예

요. 대체 남자들이란 하나같이 왜 그런 거죠?"

그가 처음으로 그녀를 배신한 건 언제였는지 물었다. 그녀는 그가 사귀기 시작한지 얼마 안 되었을 때부터 다른 여자들에 대해 눈 하나 깜짝 안 하고 거짓말을 해왔다고 했다. 수없이 울고 상처받았지만 그에게 진지하게 화내거나 그의 행동을 바꾸려 하지 않았다. 그녀는 이 말만을 반복했다.

"그 사람이 스스로 변하기만 하면 우리 사이엔 아무 문제가 없을 텐데요."

몇 개월의 상담을 받고 나서야 그녀는 자신이 스탠을 연인으로 선택했으며, 그의 곁에 남기로 한 자기 선택에 대해서, 또 그 같은 행동을 허가한 것에 대해서 기꺼이 책임을 져야 한다는 것을 알았다. 다음 단계는 최후통첩을 하는 것이었다. 그녀는 스탠에게 바람피우기를 그만두고 함께 전문적인 도움을 받자고 제안했고 그렇지 않으면 헤어지자고 했다. 그가 이 최후통첩을 진지하게 받아들이지 않는다고 느끼자 그녀는 그를 떠났다.

"나의 일부가 찢겨 나가는 것 같았지요."

그녀는 인정했다.

"아직도 그 사람이 그리워요. 하지만 헤로인 중독자들

도 회복될 때 헤로인을 원한다고 하잖아요? 다행스러운 건 이제 내가 피해자처럼 느껴지진 않는다는 거예요. 내 인생을 내가 주관하고 책임지는 어른처럼 느껴져요."

선택할 수 있는 상황에서 피해자가 되기 않기로 선택하는 것이 바로 자기 책임지기의 의미라 할 수 있다.

헨리에타는 그래픽 디자이너로 사지 멀쩡한 가족들 몇 명을 경제적으로 책임지고 있다. 집에 무슨 일만 생기면 바로 불려가곤 했던 그녀는 어느 날 우울증 때문에 나를 찾았다. 자신의 인생이 없어진 것 같다고 했다. 그녀는 비참한 얼굴로 물었다.

"다른 모든 사람이 나를 이렇게 필요로 하는데 내가 나를 챙길 시간이 어디 있겠어요?"

나는 함께 문장 완성 작업을 해보자고 하면서 그녀에게 이러한 문장 줄기를 주었다.

"나 아닌 사람들의 보호자가 되는 것의 장점은…"

그녀에게 이 문장 줄기를 반복해서 읽으라고 한 다음 읽을 때마다 다른 방식으로 문장을 완성시켜보라고 했다.

그녀의 문장은 이렇게 채워졌다.

"내가 중요한 사람으로 여겨진다. 나 자신에 대해 생각할 필요가 없다. 내 인생의 실패와 아픔을 대면할 필요가 없다. 내 두려움을 대면하지 않아도 된다. 나는 숭고한 사람처럼 느껴진다. 나는 순교자가 된 듯하다. 내 문제를 해결하지 않아도 된다. 사실 나는 괴롭고 매사 불평을 하게 된다."

이번에는 다른 문장 줄기를 주었다.

"내 인생에 더 책임을 갖게 된다면…"

그녀의 문장은 이렇게 완성되었다.

"나에게 용기가 필요할 것이다. 싫다고 말하고 싶을 때 싫다고 말할 것이다. 나는 나에게 속할 것이다. 우리 가족은 충격을 받을 것이다. 나의 내면을 들여다보게 될 것이다. 다른 사람의 문제 안에서 나를 잊어버리려 하지 않을 것이다. 내 두려움이 무엇인지 말할 것이다. 나의 불안함과 불만이 무엇인지 말할 것이다. 내가 진정 원해 왔지만 몇 년 동안 두려워서 쫓지 못했던 꿈을 이야기할 것이다."

어쩌면 온전히 내 것이라 할 수 없는 책임들을 불필요할 정도로 많이 떠맡는 것은 자기 책임지기를 피할 수 있는 방법 중 하나일지도 모른다. '착한 사람'이라는 꺼풀 아래에 숨어 자기를 회피하는 것이다. 헨리에타는 충격 속에서 이런 발견을 했다고 말했다.

"사실은 나를 위해 사는 것보다 다른 사람을 위해 사는 것이 훨씬 더 쉬운 선택이었어요. 이제 나의 욕구를 존중할 때마다 자부심을 느끼게 됩니다."

우리 대부분은 우리가 어떤 영역에서는 더 자기를 책임지고 있지만 어떤 영역에서는 그렇지 못한다는 사실을 인식하기도 한다. 어떤 경우에는 책임감 있는 성인처럼 행동하지만 다른 상황에서는 아이처럼 뒤로 숨으려 한다. 내가 책임질 필요가 있지만 책임지지 않으려는 영역을 정직하게 들여다보면서 스스로 이런 질문을 해보아야 한다. 내가 이 방면에서 조금 더 책임을 갖겠다고 결심한다면 내 행동은 어떻게 보이게 될까? 그 행동을 실천하면서 우리는 강화시킬 수가 있다. 자기 책임의 영역을 점점 확장하면서 자존감도 함께 커진다.

다음의 2주 프로그램이 이번에도 유용할 것이라 믿는다. 앞으로 14일 동안 매일 아침 가능한 한 아주 빠른 속도로 다음과 같은 문장 줄기 하나당 각각 6개에서 10개의 문장을 써보자.

만약 내가 5퍼센트만 오늘 하루 동안 나를 책임진다면 _____ 할 것이다.

만약 내가 5퍼센트만 직장에서 내 책임을 늘린다면
_____할 것이다.

만약 내가 5퍼센트만 관계에서 내 책임을 늘린다면
_____할 것이다.

나는 _____ 할 때 내 책임을 피하려 한다.

가끔은 내가 _____ 할 때 나는 스스로 무력해지기도 한다.

내가 내 행복에 완전한 책임을 지겠다고 말한다면 나는 _____할 것이다.

나는 점점 _____ 하다고 인식하고 있다.

매일매일의 답변이 비슷하거나 반복된다고 해도 걱정하지 말자. 꾸준히 하기만 한다면 당신 내부에 존재했던 힘이 새로운 가능성이 되어 당신에게 찾아올 것이다.

6

까칠한 사람이 자존감이 낮은 이유

 높은 자존감을 지닌 사람은 자연스럽게 자기주장을 한다. 우리가 적절하게 자기주장을 할 수만 있다면 자연스럽게 자존감이 강해질 것이다. 둘의 관계는 원인과 결과이고 상호 협력적이다. 자존감을 건실하게 키워가는 방법 중 하나는 내가 원하는 것, 내게 필요한 것, 나의 가치, 나의 생각을 존중하는 법을 배우는 것이라 할 수 있다. 그리고 이 세상에 그것들을 표현하는 알맞은 방법들을 계속 찾아내려 노력하는 것이다.

 자기주장하기란 곧 내가 나를 옹호할 의도를 갖는 것, 내가 나임을 공개할 의지가 있는 것, 다른 사람들과의 만남 속에서 나 자신을 존중하는 것을 의미한다. 상대의 인정을 얻기 위해서 내가 어떤 사람인지를 속이지 않는 것이며 나의 가치와 신념과 인식을 불완전하게 전달할 필요가 없는 것이다.

자기주장은 다른 사람들을 밀어내고 가장 앞줄에 서는 것, 언제나 자신이 관심의 중심이 되어야 한다고 요구하는 것, 다른 사람들의 권리를 인정하지 않는 것, 다른 사람들의 이해관계에 무관심한 것, 상황과 분위기에 상관없이 자기 감정을 무분별하게 내뱉는 것과는 전혀 상관없다.

나의 지인 중에서 가장 자기주장이 강한 사람은 가장 친절하고 관대한 사람이기도 하다. 그녀는 주눅 들거나 무조건 양보하면서 살 생각이 없다. 자신의 지성과 신념과 열정을 감추려 하지 않는다. 자신의 요구와 목표를 매우 중요하게 여긴다. 다른 사람들에게는 중요하지 않을지 몰라도 그녀 자신에게 중요한 것들이라면 얼마든지 표현한다.

어떤 여성들은 자신의 욕구를 솔직히 표현하면 사랑을 잃게 될지 모른다는 두려움 때문에 자신이 가진 힘과 능력을 부정한다. 재닌은 아버지를 무척 사랑하고 열두 살까지 아버지에게 귀여움을 독차지하며 자랐다. 그녀는 아버지의 인생철학을 삶을 이끌어주는 지혜로 여겼다. 아버지는 딸의 존경 어린 눈빛 속에서 자부심을 느끼곤 했다. 그러다 재닌의 사고력이 자라면서 딸은 점점 더 아버지에게 반항하고 아버지의 뜻에 반하는 질문들을 하게 되었다. 딸의 목소리가 강해지자 이에 혼란과 두려움을 느낀 아버지는 딸과의 관계에 자신이 없어졌다. 점점 침묵을 지키면서 조용히 점점 멀어졌고 딸의 행동을 비판하거나 꾸짖기도 했다. 그녀는 아버지에게 버림받은, 때로는 유기된 기분마저 들었다. 아직 어린 여성이기에 이런 질문 속에서 괴로울 수밖에 없었다.

'계속 사랑받기 위해서는 내가 보고 내가 아는 것을 부정해야만 할까? 너무 많은 자아 인식은 사랑하는 사람과의 관계에 적이 될까?'

많은 여성들이 이런 질문과 싸우고 있다. 그중 일부는 자신의 지성을 마지못해 포기하면서 그것이 곧 자존감까지 포기하는 것이라는 사실은 인식하지 못한다. 자기주장은 나의 인식을 확장하고 계발하는 것, 세상을 내 방식으로 보고 생각하는 행동에서부터 시작한다. 이 도전에서 힘없이 물러나면 우리의 자존감은 상처를 받게 될 수밖에 없다.

당신의 지성과 친해지려고 하지 않는 남성과는 절대

사귀어서는 안 된다. 그렇게 했을 때 당신이 그의 '사랑'을 받기 위해 희생한 것은 스스로에 대한 사랑일 뿐이다.

자기주장은 여러 가지 형태로 나타날 수 있다. 이를테면 월급 인상을 원하며 왜 월급 인상을 받을 자격이 있는지에 대해 충분한 이유를 주장하는 행동이 될 수 있다. 지금 내 앞에 있는 사람과 도덕적·정치적·미적 신념이 일치하지 않더라도 자유롭게 표현하는 행동이기도 하다. 내 가치를 반영하는 행동이나 신념을 열정적으로 찬동하는 것이다. 나를 이용하거나 착취하는 친구에게 더 이상 그 같은 행동을 용납하거나 동조할 생각이 없다고 말하는 것이다. 내가 좋아하는 책이나 영화를 추천하는 것이다. 내 욕구와 나의 여린 부분과 단점들을 편안하게 인정하는 것이다. 내 분노에 정직한 것이다. 모르는데도 '아는 척' 넘어가지 않고 솔직하고 직설적으로 묻는 것이다. 내 아이디어를 존중하고 그것을 전달하는 적절한 방법을 찾는 것이다. 다른 사람들의 수준 낮은 농담에 웃지 않는 것이다. 내 사랑과 열정을 자연스럽고 호전적이지 않게 표현하는 것이다. 다른 사람들이 내 안에 흐르는 음악을 듣도록 하는 것이다.

건강한 자기주장은 적대적이지 않고, 모욕적이지도

않고, 냉소적이지도 않다. 후자는 전형적으로 낮은 자존감을 가진 사람들이 하는 행동으로 지금 내가 추천하는 행동과 혼돈해서는 안 된다. 어떤 상황에서 어떤 감정을 표현해야 하는지는 내가 판단할 수 있어야 한다. 그러한 현명한 판단력을 기르는 것은 나의 주장을 감추는 것이 아니라 보다 더 영리하게 주장하기 위한 방법을 찾는 것이라 할 수 있다.

자기주장이 저항이나 반항심과만 관련이 있다는 개념을 가진 한 여성과의 상담이 떠오른다. 칼라는 십대 때 자신의 생존이 부모가 주입하려는 가치에 무조건 노를 외치는 것에 달려 있다고 느꼈고 '싫어!'라 대답하는 자세만을 고수했다. 그때부터 이 세상을 향한 그녀의 기본 태도는 '싫어'가 되었다. 삼십대 중반이 되자 이제 청바지와 밀리터리 부츠와 단기 아르바이트와 짧게 끝나는 연애들이 그녀 내면의 빈곤함을 숨길 수는 없다는 현실 인식과 마주하게 되었다.

"싫다고 말할 수 있는 능력은 중요해요."

나는 그녀에게 이렇게 말했다.

"하지만 자기주장은 반박하는 것이라기보다는 우리가 추구하고 찬성하는 것과 관련이 깊어요."

"나는 무언가를 추구한 적이 별로 없는 걸요."

칼라는 슬픈 얼굴로 대답했다.

이제 문장 완성 연습을 해야 할 때라고 느꼈다. 그녀에게 불완전한 문장 여러 개를 주고 크게 반복해서 읽어 본 다음에 생각하지도, 계획하지도, 연습하지도 말고 이 문장을 각각 다르게 끝내보라고 했다.

칼라에게 이런 문장 줄기를 주었다.

"내가 예스라고 하고 싶을 때 예스를 하게 되면…"

그녀는 바로 대답했다.

"내가 예스를 하고 싶을 때 예스를 하게 되면 지금까지 보지 못했던 수많은 기회를 보게 될 것이다. 원치 않는다고 생각한 것들을 받아들이게 될 것이다. 친구가 다가왔을 때 그 우정을 받아들이게 될 것이다. 친밀한 관계에 허기를 느끼고 있음을 인정할 것이다. 삶에 더 깊숙이 들어갈 것이다. 다시 학교로 돌아갈 것이다. 얼마나 공부하고 싶은지 알게 될 것이다. 사랑을 겉으로 표현할 것이다. 두려울 것이다. 살아 있다고 느낄 것이다."

그녀는 자신이 하는 말에 놀라고 혼란스러워했다.

나는 또 하나의 문장 줄기를 주었다.

"나의 일상생활에서 지금보다 더 자기주장을 하게 된

다면…"

그녀의 대답들은 이러했다.

"그렇게 자주 숨지 않을 것이다. 나를 희생자로 여기지 않을 것이다. 언제나 화가 나 있지 않을 것이다. 내가 누구인지 찾게 될 것이다. 내 감정에 더 솔직해질 것이다. 상처받았음을 받아들일 것이다. 외롭다는 걸 받아들일 것이다. 내 안에서 무엇을 만들어낼 것인지 생각할 것이다. 한심한 직업을 전전하며 '제도'를 욕하지 않을 것이다. 더 나은 직업을 찾을 것이다. 꿈과 야망이 있다는 걸 받아들일 것이다."

칼라는 나를 보았다. 그녀는 웃고 있었다. 이렇게 덧붙였다.

"내 입에서 이런 말이 나왔다는 게 믿어지지 않아요."

이것은 더 큰 도약의 시작일 뿐이었다.

원하는 것을 마주하고 그 가치를 존중하려면 용기가 필요하다. 숨지 말고 그 장소를 박차고 나와야 한다. 삶에 더 참여해야 한다. 처음에는 어려울 수 있다. 하지만 이 세상은 그렇게 도전하고 인내하며 나아가는 사람에게 속한 것이다.

자기주장을 더욱 잘 할 수 있도록 하는 방법을 소개한

다. 아침에 일어나자마자 하루 일과를 시작하기 전에 다음 한 문장을 시작으로 하여 6개에서 10개의 문장을 가능한 한 빠르게 완성해보자. 첫 문장들은 다음과 같다.

나의 매일의 행동 속에서 지금보다 더 자기주장을 한다면, _____할 것이다.
내 생각과 감정을 중요하게 취급한다면, _____할 것이다.
'예스'라 하고 싶을 때 '예스'를 '노'라고 하고 싶을 때 '노'라 대답한다면, _____할 것이다.
내가 원하는 바를 자부심과 품격을 갖고 요구한다면, _____할 것이다.
나는 점점 _____하다고 인식하고 있다.

월요일부터 금요일까지 매일 2주 동안 문장을 써보자. 당연히 비슷한 문장들이 나올 수밖에 없다. 걱정하지 말 것. 하면 할수록 새로운 문장이 나오게 되어 있다. 한 주가 끝나면 주말에는 당신이 쓴 문장을 비교하며 읽어보고 다시 6개에서 10개의 문장을 추가해보자.

만약 여기에 쓴 것이 모두 사실이라면, 내가 _____을 하면 도움이 될 것이다.

이 문장 완성 연습은 당신에게 여러 개의 문이 되어줄 것이다. 자기표현의 가능성을 열어줄 것이다. 모험하지 않고는 아무 곳에도 갈 수 없다. 이 문을 통과할 용기를 끌어 모을지 아닐지는 당신에게 달려 있다.

7

목표가 있는 삶

 자존감은 우리 존재를 지배하고 통제하는 경험이라 할 수 있다. 우리 안의 나침반이 우리를 인도하고 방향을 설정하기에 통제석은 바깥세상 어딘가가 아니라 나의 내면에 위치하고 있다고 느낀다. 반면 자존감이 낮은 사람은 자신이 외부적인 사건의 지배 아래에 있으며 다른 이들의 선택과 행동에 따라 내 인생이 달라진다고 느낀다. 자기 인생을 주체적으로 끌고 가지 않고 많은 일에 수동적으로 대응한다.

 삶의 패턴이 왜 이렇게 달라질까? 사람마다 각자 어느 정도까지 의식적인 목표에 따라 움직이느냐가 다르기 때문이다.

 목표는 우리의 에너지를 배분하고 주목하며 우리의

존재에 의미와 구조를 부여한다. 대학 등록금을 벌기 위해 하고 싶지 않은 아르바이트를 어쩔 수 없이 할 수도 있다. 지겹고 따분한 일로 하루를 보내기도 한다. 그렇지만 내 인생을 내가 끌고 가고 있다고 느낀다. 더 넓은 맥락 안에서 본다면 내가 지금 원하는 방향으로 가고 있다는 확신이 있기 때문이다. 하지만 목표와 목적이 부재할 경우에는 나 자신이 근본적으로 행운의 여신의 손에 있다고 느끼게 된다. 순간적인 충동이나 내가 좌지우지할 수 없는 다른 사람들의 행동이 나를 지배한다. 이러한 수동성은 자존감의 경험과는 양립할 수가 없다.

의식적인 목표를 갖고 인생을 살기 위해서는 내 목표를 세우는 것이 내 책임이라는 사실부터 직시해야 한다. 개인적인 성장이라는 면에서 나는 어디까지 성취하고 싶은가? 직업적으로 어떤 성공을 이루고 싶은가? 관계에서는 무엇을 원하는가? 여기서 거기까지 가려면 어떻게 해야 할지를 내가 생각해야 한다. 그것은 곧 질문에 내가 답을 해야 한다는 뜻이다. 원하는 것을 얻기 위해서 어떤 행동을 취해야 하는가? 다른 말로 하면 실행 계획(액션 플랜)이 필요해진다.

이것이 끝이 아니다. 출발한 다음에는 내가 제대로 된

트랙에서 달리고 있는지도 스스로 감시하고 나의 실제 행동이 목표와 실행 계획과 일치하는지도 점검해야 한다. 마지막으로 행동의 결과에 주의를 기울이면서 그 결과가 내가 의도하고 머릿속에 그린 것과 일치하는지도 판단해야 한다. 이러한 삶의 방식은 개인의 자존감 형성에 어마어마한 영향을 준다. 이것들이 인생의 도전을 만났을 때도 내가 충분히 유능하다는 감각을 키워주기 때문이다.

목표에 따라 움직인다는 것의 의미가 무엇인지를 다음의 세 가지 예를 들어 이야기하려 한다.

나와 상담을 하던 메리가 이렇게 말했다.

"저는 작가가 되고 싶어요. 열두 살 때부터 작가가 꿈이었어요."

내가 물었다.

"그러면 글을 쓰고 계세요?"

"아뇨. 대학 졸업한 이후로는 전혀 쓰지 않아요."

메리가 대답했다.

"글쓰기 관련 수업을 듣거나 글쓰기 책을 찾아 읽은 적이 있나요?"

"아뇨, 그다지."

"책을 많이 읽으시는 편인가요? 어떤 글이 좋은 글인지 배우려고 하나요?"

"아니요."

"특별히 쓰고 싶은 장르나 프로젝트가 있나요?"

"없어요."

메리는 그저 작가에 대한 '환상'을 갖고 있었을 뿐이었다. 이것은 목표에 따라 사는 삶이라고 할 수 없다. 이런 삶은 아무데도 이르지 못하며 불만과 짜증만 늘어갈 뿐이다. 그녀에게 숙제를 하나 안겨주었다.

"이 질문에 맞는 답을 몇 페이지의 글로 써서 가져오세요. 작가가 되고 싶은 욕구를 의식적인 목표로 전환시키고, 작가가 되기 위해서는 무엇을 해야 할지를 위주로 써보세요."

이 과제를 한 후 메리는 UCLA 글쓰기 강의에 등록했다.

진은 작은 컴퓨터 회사의 관리자였다. 그녀는 회사를 성장시키고 그 과정에서 자신의 경력도 관리할 수 있는 여러 아이디어를 갖고 있었다. 상사들을 위해 열심을 바쳐 일하기도 했다. 하지만 자신이 관리하는 직원들의 문제 때문에 업무에 집중하지 못하는 경우가 종종 생겼다.

"부하 직원들의 문제를 해결하는 것이 내 임무가 아니란 걸 알아요. 그 직원들의 책임이지요. 하지만 어릴 때부터 나는 내가 '돌보는 사람'이라고 생각했었고, 사람들에게 안 된다거나 싫다는 말을 하기가 무척이나 어려워요. 모든 사람들이 나에게서 무언가를 원해요. 그래서 결국 다른 직원들이 다 퇴근한 후에도 남아 늦게까지 일해야 내 일을 마칠 수가 있어요."

"당신의 프로젝트와 목표를 가장 우선으로 놓게 된다면 어떨까요? 그것이 회사가 당신에게 원하는 것일 텐데요. 그러려면 직원들에게 어떻게 다르게 행동해야 할까요?"

"그 사람들 문제는 그들에게 맡겨야지요. 그들에게 조금 더 높은 책임을 부여해야겠고요."

"그렇게 하지 못하도록 가로막는 장벽이 있다면요?"

"글쎄요…. 굳이 변명을 해보자면… 사람들이 날 좋아하지 않게 될 거라는 것?"

"그런데 당신이 그들에게 조금 더 책임을 다하라고 요구를 하면 그들이 더 능력 있는 직원이 될 텐데 당신에게 화를 낼까요?"

"사실 직원들이 화를 낼 것 같진 않네요. 하지만 화를 내느냐 아니냐가 중요한가요?"

"맞아요. 여기서 중요한 건 목표를 갖고 산다는 것은 훈련뿐만 아니라 용기가 필요하다는 거지요. 다른 사람들의 응원이 있건 없건 한결같이 당신 가치와 목표를 중시하려는 용기요."

진이 두려움을 극복하고자 노력하고 자신의 일에 목표를 갖고 매진하면서 필연적인 결과가 따라왔다. 그녀의 부서는 실적이 증가했다. 그녀는 자존감도 올라갔고 회사 생활뿐만 아니라 인생을 더 즐기게 되었다.

목표에 따라 행동한다는 개념을 이해하려 할 때, 사람들은 그 개념을 특히 일과 연관 지을 확률이 높다. 목표를 설정한다는 것을 친밀하고 사적인 관계의 영역에서도 적용할 수 있음을 이해하는 사람은 드물다. 이제까지 일과 관련된 사례를 들었지만 이제 사랑과 관련된 이야기도 해보자.

"맥스에게 더 나은 동반자가 되고 싶어요."

캐롤라인은 연인이자 친구이며 성공가도를 달리는 사업가라는 세 역할 사이에서 도무지 균형을 잡지 못하는 것 같다고 말했다.

"남자친구를 정말 아껴요. 하지만 남자친구는 충분한

시간을 내주지 못한다고 내게 불만이 많지요. 그렇지만 난 항상 눈코 뜰 새 없이 바쁜 걸요. 아니면 그 사람 옆에서 전화를 하고 있기도 하지요."

"어떻게 달라지고 싶으세요?"

내가 물었다. 그녀는 이 질문이 황당하다는 듯이 나를 바라보았다.

"그야 남자친구와 더 행복하길 바라지요."

"두 사람을 더 행복하게 만들려면 어떤 행동을 해야 좋을 것 같나요?"

"더 좋은 관계를 만들기 위해 내가 할 수 있는 건 해야지요."

그녀는 약간 머뭇거리며 말했다.

"좋아요. 그것이 당신의 목표라면, 더 좋은 관계를 만들어가기 위해 어떤 액션 플랜을 세우면 좋을까요?"

이런 종류의 질문이 나오리라는 기대를 하지 못한 것 같았다.

"인정하기는 싫지만 솔직히 잘 모르겠네요. 사업상 올해 매출 목표가 20퍼센트 상승이라는 것은 알겠어요. 그 점에서 나에게 액션 플랜이 있다는 건 믿어주셔도 좋아요! 하지만 이 관계에 대해서는 나한테 어떤 목표가 있는지 모르겠어요. 그냥 바람만 있지요."

캐롤라인은 그녀가 '재미있는 실험'이라고 불렀던 일에 착수해보기로 했다. 마치 사업을 할 때처럼 맥스와의 관계를 개선시키기 위해 구체적인 목표를 설정하고 집중해보는 것이다. 먼저 시간 배분을 다르게 하며 맥스와의 관계가 영양실조에 걸리지 않도록 했다. 그녀는 자기 인생의 두 분야에서 성공을 거두고 있다.

자존감을 올리는 가장 강력한 방법 중에 하나는 '욕구를 목표로 전환시킴으로써' 더 많은 만족을 얻는 것이다. 그 방법은 다음과 같다.

현실에서 당신의 목표를 이루고 싶다면(그냥 꿈만 꾸는 것이 아니라) 어떤 행동을 취해야 하는지 스스로 질문해본다.

실행 계획(액션 플랜)을 세우고 그것을 적용해보기 시작한다.

진전 과정을 살펴보면서 그 행동의 결과에 주의를 기울인다. 필요할 때는 계획과 행동을 수정한다.

계속 그 트랙 위에 서서 성취 방향으로 이동한다. 힘이 점점 커지는 자신을 지켜본다.

더 목표가 있는 삶을 실행하도록 하는 문장 완성 연습을 함께 해본다.

만약 내가 5퍼센트만 더 목표가 있는 삶을 산다면 _____할 것이다.

만약 내가 5퍼센트만 더 내 일에 목표를 세운다면 _____할 것이다.

만약 내가 5퍼센트만 더 내 중요한 관계에 목표를 세운다면 _____할 것이다.

만약 내가 5퍼센트만 더 내 건강을 유지하려는 목표에 집중한다면 _____할 것이다.

만약 내가 이 생각들을 행동으로 변환시키고자 한다면 나는 _____이 필요하다.

나는 점점 _____하다고 인식하고 있다.

8

지금 정직하게 살고 있습니까

첫사랑이었던 과거의 남자친구와 점심을 함께 먹으면서 남편에게는 '여자친구들'과 있었다고 말한 적이 있는가? 아니면 친구를 험담하고 싶은 유혹을 이기지 못하고 친구와의 신뢰를 저버린 적이 있는가? 혹은 카드 명세서를 숨긴 적이 있는가? 아니면 내 아이디어가 아닌 것을 가로챈 적은? 부하 직원이나 후배에게 위협을 느껴서 그 사람의 성과를 숨긴 적이 있는가? 혹은 내가 나서야 한다는 것을 알면서도 침묵을 지키거나 반대하지 않은 적이 있는가?

안타깝게도 최근에 나온 수많은 자존감에 대한 책을 읽으면서도 이런 행동에 대한 내용은 배우지 못했을 가능성이 높을 것 같다. 자기 스스로에게 정직하지 못한 것은 자존감에 악영향을 미친다. 자존감은 그저 거울을 보면서 "나는 나 있는 그대로 완벽해"라고 선언하는 것이 아니다. 자존감은 당신에게서 더 많은 것, 더 나은 사람이 될 것을 요구한다.

여성들(남성들도 마찬가지)은 자존감에 영양분을 주는 요소에 대한 잘못된 개념을 끌어안고 만족하는 경우가 많다. 자신이 생각한 전략이 통하지 않으면 스스로를 비난하지만 그 밑에 흐르는 본질적인 가정에 의문을 표하지는 않는다. 만약 내가 매일 확언하기만 하면, 즉 내가 지역 봉사를 더 하기만 한다면, 나를 전적으로 지원하고 인정해줄 친구들을 찾을 수 있다면, 이번에 승진하기만 한다면, 이상적인 남성과 깊은 유대감을 얻게 된다면, 그 다음에 나는 자존감을 갖게 될 거라는 생각이다.

진실을 말해보자. 이런 종류의 성과와 변화가 어떤 사람을 행복하게 할 수는 있지만(꼭 그렇지 않을 수도 있다), 이것들 자체가 자존감을 생성해내지는 못한다. 자존감은 우리가 어떻게 사는가, 우리가 삶의 도전들을 어떻게 마주하고 있는가를 반영하는 것이다. 우리가 가진 것이나, 우리가 어떻게 보이는지, 우리가 명망을 쌓고 인기가 많아지는 것과는 크게 관련이 없다. 자존감의 가장 중요한 원천은 매일의 일상생활과 행동에서 우리 자신이 우리 삶에 얼마나 정직한가와 밀접하게 관련이 있다. 우리의 말과 행동이 얼마나 일치하느냐에 따라 결정되기도 하는 것이다.

내가 스스로에게 한 약속을 지켰을 때, 내 결심을 존중했을 때, 다른 사람을 정직하고 정당하며 솔직하게 대했을 때, 즉 나 스스로 존경할 만한 방식대로 내가 행동했을 때 우리는 다른 사람들이 날 인정할 때보다 더 강한 자존감을 형성한다. '내가 나를 승인하는 것이다.' 우리는 이렇게 느끼며 산다. '나는 내가(그리고 다른 사람들이) 신뢰할 수 있는 사람이야. 내 윤리적 선택에 자부심을 갖고 있어. 내가 만들어온 이 나라는 사람을 좋아하고 존중할 수 있어.' 이것이 바로 자존감을 갖는다는 것의 의미다.

하지만 이와 반대로, 반드시 지키겠다는 진지한 의도 없이 그 순간의 '편의'에 따라 약속의 말을 내뱉고 무성의한 결심을 한다면, 다른 사람들을 부정직하게 대하고 이용하고 착취한다면, 내가 나를 존중할 수 없는 방식으로 행동한다면 어떻게 될까? 다른 사람들의 몰인정보다도 더 심각하게 파괴적인 결과와 함께 남겨지게 된다.

'내가 나를 승인할 수 없다.' 이런 내가 나를 인정 못할 때의 고통은 격한 운동을 하거나 새로운 연인과 침대에 누워서도 치유될 수가 없다.

부동산 회사 회계 부서 부장의 어시스턴트로 일하고 있는 재니스는 모든 사람에게 사랑받고 싶었다. 그녀는 언제나 사람들에게 그들을 위해 이런저런 일을 해주겠다고 약속했다. 자신이 감당할 수 있는 역량보다 더 많은 일을 해주겠다고 했다. 직장에서도 그랬고 친구들과의 사이에서도 그랬다. 약속을 지키지 못했을 때 어떤 사람들은 화내거나 실망했다. 그녀는 남들이 그녀에게 불만을 품는 것을 자신이 불행해지는 유일한 이유라고 생각했다. 상담을 통해 천천히 자기 현실을 받아들이는 데는 용기가 필요했다. 스트레스의 근본 원인은 불안하고 초조한 심정에서 충동적으로 했던 무분별한 약속하기와 무책임한 약속 깨기였다.

그녀에게 2주 동안 매일매일 해야 하는 과제를 하나 주었다. 문장 줄기를 주고 6개에서 10개의 문장으로 완성해보라고 했다.

"나의 일상생활에서 지금보다 더 언행일치를 하려고 노력한다면…"

그녀의 문장은 이렇게 완성되었다.

"나는 그렇게 많은 약속을 남발하지 않을 것이다. 내가 한 말은 지킬 것이다. 사람들이 날 일시적으로 좋아하게 만들기 위해 거짓말하지 않을 것이다. 충동적인 약속을 줄일 것이다."

그녀는 이 방침을 한 달 이상 행동으로 옮겨보려고 노력한 후에 이렇게 말했다.

"점점 더 명확하게 보이는 사실이 있었어요. 내 약속과 결심을 지키는 것이 중요해지니까 내가 어떤 일을 하겠다고 말할 때 신중하고 조심스러워졌어요. 언제나 모든 사람에게 모든 일에 예스라고 말할 수 없으니까요."

처음에는 이 방침을 꾸준히 지키는 것이 쉽지 않았다. 하지만 상담이 진행되면서 다른 사람들에게 인정받고 싶어 하는 욕구가 점점 옅어지고 자기 인정이 높아지면서 그녀가 정말 예스라고 하고 싶을 때 예스라고 하고 노라고 하고 싶을 때 노라고 말하는 것이 점차 자연스러워졌다.

그녀는 안타까워하며 이렇게 회상했다.

"내가 왜 그렇게 나를 속이며 살았나 생각해보니 누군가 나를 싫어할 것 같다는 두려움이 깊더라고요. 이제 나에게 가장 중요한 건 타인의 인정이 아니라 나 자신의 인정이에요."

베스는 아직 어린 두 아이를 지나치게 엄하게 대하는 남편 톰에게 화가 났다. 그녀는 체벌에 반대하는 입장이었지만 만약 톰의 훈육 방식을 반대하면 결혼 생활마저 위태롭게 될까봐 불안했다. 스트레스가 극에 달하면서 상담을 찾을 수밖에 없었다.

"지금 내 신념을 배반하고 우리 아이들을 배신하는 기분이 들어요. 하지만 어렸을 때부터 엄마는 아내가 남편의 뜻을 따라야 집안이 평온하다고 말해왔거든요. 하지만 그랬을 때 나의 자기 존중은 어디로 가나요?"

내가 물었다.

"딸들에게 결혼이라는 배를 어떻게든 흔들리지 않게 하는 것이 자신의 진심대로 행동하는 것보다 더 중요하다고 말하실 건가요?"

"절대 아니죠!"

그녀는 단호하게 말했다.

일주일도 채 되지 않아 그녀는 톰의 육아 방식을 단호히 거부하기로 했다. 얼마 후에 남편도 그녀와 함께 상담을 받기로 했다.

말라는 교외에서 진료를 하는 외과의사로 작은 지역 병원과 제휴하고 있다. 그녀의 환자들이 그 병원에 입원하는 날짜가 일 년 동안 일정 기간 이상이 되면 말라와 남편은 그 병원에서 값비싼 크루즈 여행을 보상받게 되어 있었다. 환자들의 보험이 적절할 때면 그녀는 환자들에게 꼭 필요한 기간보다 더 장기 입원을 하라고 권유했다. 말라는 최근에 점점 심해지는 불안과 우울증상 때문에 상담을 하러 왔다.

"제겐 훌륭한 성공한 치과의사 남편이 있어요. 우리에게는 멋진 집과 근사한 인생이 있어요. 그런데 난 대체 뭐가 문제라 이렇게 늘 불안한지 모르겠어요."

상담 중에 그녀와 병원과의 협약에 대해 알게 되었다. 그에 대해 어떻게 느끼는지 자세히 캐묻자 그녀는 즉시 방어적으로 나왔다. 그다음 2주 동안의 상담을 취소하기도 했다. 돌아왔을 때 그녀는 이제 새로운 증상을 호소했다. 불면증이 심해졌다는 것이다.

다시 한 번 그녀와 병원과의 계약 사항 문제를 들고 나오자 그녀는 화를 내기도 했다.

"그래요. 아무래도 조금은 죄책감을 느끼는 것 같아요. 하지만 죄책감을 느낄 필요가 뭐가 있을까요? 내가 누구한테도 해를 끼치는 건 아니잖아요."

 그녀와 같은 증상이 나타날 수 있는 이유는 여러 가지가 있겠지만 나는 그녀의 불안과 우울증과 불면증의 근원이 모두 이 문제에 놓여 있다고 생각했다. 그녀는 자기 안에 깊이 자리 잡고 있는 옳고 그름에 대한 윤리를 배신하고 있었다. 그 어떤 자기 정당화도 그녀의 자존감을 지켜주지는 못했다. 그 뒤로도 상담은 매끄럽게 진행되지 못했다. 어떤 시점에서 그녀는 그냥 상담을 그만두고 정신 안정제와 항우울제로 극복해보겠다고 말하기도 했다.

 전환점은 내가 이런 실험을 제안했을 때 찾아왔다.

 "앞으로 두 달 동안 의료적으로 반드시 필요하다고 생각할 때만 그 병원에 입원을 권유해보겠어요? 그런 다음 어떤 일이 일어나는지 봅시다."

 그녀는 동의했다.

 열흘이 채 지나지 않았을 때 그녀의 증상은 완화되었다. 상담이 끝날 즈음에는 이런 말을 했다.

 "돌아보면 내 불안과 우울증은 내 '친구들'이었던 것으로 보여요. 그 증상은 내가 사는 방식이 뭔가 크게 잘못되었다는 것을 계속 일러준 거지요. 약으로 그냥 일시적으로 누르려 했다면 안 그래도 약해지고 있던 자존감의 무덤을 파는 격이 되었을 거예요."

심리학자들은 정직성에 대해서는 그리 많은 말을 하지 않는 편이다. 현대 사회와 어울리지 않은 촌스러운 구식 단어로 취급하기도 한다. 그리 '과학적으로' 들리지도 않는다고 한다. '자신의 자존감에 상처를 주는 행동은 무엇인가'라는 주제의 콘퍼런스에 참여한 적이 있는데, 그때도 자존감에 중요한 것이 이 자아통합, 즉 자아통합과의 단절이라는 주제를 꺼낸 사람은 나 한 명뿐이었다. 이와 같은 생각에 관심을 보인 전문가도 없었다.

그러나 우리에게 우리 삶을 인도하는 법칙이 필요하다면, 우리가 받아들이는 그 법칙은 타당하고 사리에 맞아야 한다. 그것들을 배신하면 우리의 자존감은 고통받을 수밖에 없다. 자아통합은 정신 건강의 중요한 가이드일 수밖에 없다.

다음의 문장 완성이 이 작업을 더 확장시켜줄 것이다.

내가 나의 일상생활에서 자아통합을 5퍼센트 더 늘린다면, _____할 것이다.

내가 나의 일에서 자아통합을 5퍼센트 더 늘린다면,

_____할 것이다.

내가 나의 관계에서 자아통합을 5퍼센트 더 늘린다면, _____할 것이다.

내가 자랑스러운 행동들을 하면, _____할 것이다.

내가 나의 선택과 행동에 자신감을 갖고 싶다면, _____할 것이다.

나는 _____을 의심하기 시작할 것이다.

나는 _____을 의식하기 시작할 것이다.

2부
행복이 두려운 사람들

9

자존감 없는 사랑의 끝

자존감은 연애와 사랑의 기초 토대와도 같다. 자존감이 부재할 때는 찾아오는 행복을 파괴하고 무덤을 파는, 이른바 자기 스스로의 파괴자가 된다고 할 수 있다.

내가 내 눈에 유능하고 가치 있다고 느낄 때, 내가 이 정도면 충분히 사랑받을 만한 사람이라고 느낄 때, 우리는 타인을 사랑하는 것을 가능케 하는 내면적인 자원을 지닌 사람이 된다('감정적으로' 부유하다). 결핍감에 시달리지 않는다. 뭔가 줄 것이 많아진다.

더 나아가 우리는 다른 사람을 우리의 필요를 만족시켜줄 도구로서가 아니라 그 사람이 가진 권리를 존중하고, 그 사람 자체로 감사하고 인정하게 된다. 부당하게 착취하거나 매달리지 않고 적절한 상호 관계를 맺게 된다.

하지만 그 반대로 우리가 유능하다거나 가치 있다고 느끼지 않을 때, 우리가 사랑받을 만한 사람이라고 느끼지 않을 때, 다른 사람들을 향한 우리의 반응 밑에는 기본적으로 결핍감이 깔려 있다. 말하자면 우리는 적자 상태다. 나를 무조건적으로 '받아줄' 사람, 살아갈 만한 세상이라고 느끼게 해줄 사람, 날 구원해줄 사람을 찾는다. 그렇지 않으면 나를 함부로 대할 사람을 찾는다. 왜냐하면 난 그렇게 대해도 마땅한 사람이라 생각하기에. 내가 존경할 만한 사람, 삶의 기쁨과 환희를 함께 나누고 싶은 사람을 찾지 않는다.

내가 사랑받을 만하다고 느끼지 않으면, 다른 누군가가 우리를 사랑할 수 있다고 믿기 어렵다. 내가 나를 받아들일 수 없는데 어떻게 나를 향한 당신의 사랑을 받아들일 수가, 즉 믿을 수가 있겠는가? 당신이 날 사랑하는 모습은 나를 혼란스럽게 할 뿐이다. 왜냐하면 나는 내가 사랑스럽지 않다는 걸 아니까. 나를 향한 당신의 감정은 진짜일 리가 없고 신뢰할 수도 없고 지속될 수도 없다. 사랑이 내 안에 들어오게 하는 것부터가 버겁다.

사랑을 시도하거나 사랑에 빠질 수는 있다. 하지만 나를 지탱하는 기반이 매우 약해져 있기에 늘 불안감과 불확신에 시달리면서 상대에게 지나친 확신을 요구한다. 비이성적인 소유욕을 분출하거나 작은 균열을 어마어마한 재앙으로 부풀린다. 파트너가 나를 버리기 전에 파트너를 버리기도 한다. 사랑을 스스로 끝내버리는 것이다. 이렇게 시작부터 잘못되었을 때 자기 파괴의 가능성은 끝도 없다.

전작 《사랑의 심리 *The Psychology of Romantic Love*》에서 나는 이렇게 쓴 적이 있다.

"우리는 내가 보는 나에 맞게 행동한다. 나의 행동은 나의 자아 개념을 지속적으로 지지하고 강화하는 결과를 낳는 성향이 있다."

내가 사랑받을 만한 사람이라 느끼면 나는 자신 있고 너그럽고 사랑스러운 태도로 상대를 대한다. 마음을 열고 상대의 사랑을 받아들인다. 내가 사랑받을 만한 가치가 없는 사람이라 느끼면 상대를 두려워하고 의심하고 적대적인 태도로 대한다. 사랑에서 자꾸 빠져나오려 한다. 나의 자아 개념이 내 운명이 되어버리는 것이다.

토니는 자동차 영업 담당자로 직장에서 탁월한 실적을 올리고 있었다. 하지만 사생활에서는 자기 파괴적인 행동을 반복하는 패턴에 갇혀 있었다. 마치 일에서 성공했다는 사실을 미안해하듯이 그녀는 지나치게 남편 눈치를 보거나, 남편의 말과 행동 앞에서 전전긍긍했다. 필요 이상으로 남편에게 순종적이고 공손하게 굴며 전통적인 '여성성'이라는 개념에 집착했다. 그럴 때마다 남편은 불편하거나 어리둥절할 때가 많았다. 그녀는 자신의 불안함에 갇혀 있었기 때문에 가끔 남편이 자신이 사랑에 빠졌던 그 당당하고 독립적인 여성에게 무슨 일이 일어난 것이냐고 대놓고 물어도 어떻게 대답해야 할지 알지 못했다.

상담을 하면서 남편의 문제도 드러났다. 남편은 점점 더 그 두 사람에 관련된 중요한 결정을 그녀에게 상의하지 않고 내리면서 아내의 '순종적인' 행동을 무의식중에 강요해왔던 것이다. 또한 더 깊은 대화를 통해서 그녀가 어린 시절부터 엄마에게 들었던, 남자는 드센 여자를 좋아하지 않는다는 말을 내면화해왔다는 것도 인식했다. 그 목소리를 극복해야 한다는 것도 깨달았다. 그녀는 엄마의 말을 무시해버릴 자신이 없어 남편에게 필요 이상으로 비굴하게 행동했던 것이다.

그녀의 목표는 책임 있는 성인으로서, 독립적이며 동등한 관계로서 남편과 소통하는 것이었다. 그 과정이 쉽지는 않았다. 그녀는 나와 상담하며 습관처럼 몸에 밴 방어 자세가 없으니 '벌거벗은' 기분이 들었다고 한다. 남편에게 버려질지 모른다는 상상에 빠져 불안에 떨기도 했다. 그럴 때면 '깊게 숨을 들이쉬기'를 하면서 그 상상에 잠식당하지 않고 자신의 감정을 객관적으로 관찰하고 직시하려 노력했다. 엄마의 딸이 아닌 독립적인 성인답게 행동하려 했다.

시간이 흐르면서 그녀의 두려움에 아무 근거가 없다는 것을 깨달았다. 그 과정에서 그녀는 두 가지 가시적인 성과를 거두었다. 자존감을 지켰고(자기주장하기와 스스로에게 진실하기를 배웠다), 관계를 보호할 수도 있었다.

인테리어 데코레이터인 밀리는 자기 발전을 위해 의식적으로 노력해야 할 분야로 결혼을 택했다. 이전까지 오래 사귄 관계에서 심하게 상처받은 적이 있어서 남편에게는 약한 모습을 보이고 싶지 않았다. 남편의 사랑을 간절히 바랐지만 점점 더 벽을 쌓아갔다. 작은 싸움을 확대하여 큰 갈등으로 번지게 만들기도 했다. 자신이 원하는 바를 있는 그대로 표현하지 않고 마음을 닫아버리거나 그렇지 않으면 날카롭고 적대적인 말로 표현했다. 남편은 상처와 분노와 회피로 반응했다. 그녀의 두려움은 더 증폭될 수밖에 없었다.

두 사람과의 부부 상담 시간에 나는 결혼과 관계 전문가인 마스터스와 존슨이 결혼의 특성에 대해 했던 말을 꺼냈다. 결혼이란 '상처와 연약함의 교환'이며 그렇게 하기 위해서는 용기와 자존감이 반드시 필요하다고 말했다.

한번은 밀리와 단독 상담을 하다가 그녀가 더 높은 자존감을 갖고 부부 관계에 임하기 위해 필요한 행동에 대해 같이 적어보았다. 그녀는 이렇게 썼다.

내 남편이 무언가를 주려 할 때 마음을 열고 받아들이겠다.
스스로 우울하거나 무시당하는 기분에 빠져들지 않겠다.
불안이 나를 잠식하도록 내버려두지 않겠다.
내 사랑을 겉으로 표현하겠다.
우리가 함께 있을 때 너그러워지겠다.
냉소적이거나 부정적인 말을 하지 않겠다.
하찮은 일에 끙끙대지 않겠다.
내 욕구와 원하는 바를 자신 있게 표현하겠다.

사소한 오해를 커다란 재앙으로 전환시키지 않겠다.
더 듣겠다.
더 관대해지겠다.
받아들일 수 없는 행동은 받아들이지 않겠다.
내 인생에서 행복을 허락하겠다.

그녀에게 말했다.
"자존감이 더 채워질 때까지 기다리지 말고 이것들을 지금부터 바로 실행에 옮기겠다고 의도적으로 선택해보면 어떨까요? 한번 실험해봅시다. 당신의 자존감이 이미 원하는 수준으로 높아졌다고 가정하고, 그런 것처럼 남편을 대하면 어떤 일이 생길지 보는 겁니다."

물론 항상 쉽지는 않았다. 그녀 안의 겁먹은 아이가 마음의 문을 닫고 도망가고 싶어 할 때도 언제나 마음을 열고 사랑을 하는 것은 전쟁과 다름없을 정도로 어려웠다. 그녀는 원하는 것과 분노를 공격조나 비난조로 말하지 않으려고 모든 노력을 쥐어짜야 했다. 가끔은 흔들리다 넘어지기도 했고 역효과를 낳았던 과거의 행동으로 돌아가기도 했다.

하지만 포기는 하지 않았다. 점점 버티면서 점점 더

쉬워졌다. 그녀는 자신이 점점 더 강하고 더 사랑스러운 사람이 되어가고 있다고 느꼈다. 그녀가 관계에서 그토록 원하던 것들이 점점 더 많이 주어지고 있음이 눈에 보였다.

남편도 같이 상담을 받는 것이 큰 도움이 되었다. 하지만 관계의 문제를 혼자 극복하려 노력하건 파트너와 함께 하려 하건, 궁극적으로는 언제나 나의 행동을 의지적으로 통제하는 데 초점을 맞춰야만 한다. 바로 이 부분이 우리가 힘을 행사할 수 있는 분야이기 때문이다. 내게는 부부나 연인이 같이 오는 경우보다 혼자 상담하러 오는 경우가 더 흔하지만, 그때도 자기 파괴적인 행동의 악순환을 끊기 위한 기본 패턴은 부부 상담과 동일하다고 할 수 있다.

내가 현재보다 더 높은 자존감을 갖고 있는 사람이라면 어떻게 행동할지 고민해보고 일단 행동으로 옮겨보는 것도 좋다. 그 행동을 내 것으로 만들면서 나의 자존감 지수를 함께 끌어올리는 것이다. 그러면서 훨씬 더 만족스러운 인생을 만들어갈 수도 있다.

성공이 보증된 행동일까? 이 방법을 통해 덜그럭거리는 관계가 언제나 구원될까? 그렇지는 않다. 하지만 이

것은 그나마 우리에게 주어진 방법 중 가장 성공 확률이 높은 방법이 아닐까? 성공하건 그렇지 않건 우리가 그 과정에서 성장한다는 사실만은 보증할 수 있다.

10

우리는 모두 에고이스트가 되어야 합니다

"그러니까 이기적인 게 잘못은 아니라는 거지요?"

이 직업에 종사하면서 지난 수십 년 동안 강연을 할 때나 상담을 할 때나 이와 같은 질문을 온갖 다양한 형태로 수도 없이 받았다.

이 질문은 이런 의미가 아니다. "나에게 다른 사람들의 권리를 침해할 권리가 있나요?" 혹은 "타인의 고통에 무감해도 되는 건가요?" "친절함과 관대함은 그리 중요한 미덕이 아닌가요?"

이 질문은 이런 뜻이다.

"나의 욕구와 원하는 바를 존중할 권리가 나에게 있을까요? 내가 내린 최선의 선택에 따라 행동해도, 나의 행복을 위해 노력해도 되는 걸까요?"

또한 이런 의미다.

"내가 다른 사람들의 기대에 부응하며 살기 위해 이 땅 위에 존재하는 것이 아니란 말씀이지요?"

이와 비슷한 질문을 특히 많이 받는 때는 내가 상담하는 여성들에게 자신이 믿는 가치를 지금보다 더 적극적으로 추구해도 된다고 격려할 때다. 왜 여성들은 '이기적이다'라는 비난에 이토록 민감할까? 아마도 어렸을 때부터 돌보고 희생하고 양보하는 사람으로 사회화되고 본인을 가장 나중에 생각하는 것이 옳다는 생각을 주입받았기 때문일 것이다.

하지만 남자들도 같은 문제를 남자 버전으로 갖고 있다. 그들의 어깨 위에 내려진 짐은 '성취하라'는 명령이다. 어떤 대가를 치르더라도 성공하고 쟁취하며 그 과정에서 절대로, 절대로, 절대로 불평해서는 안 된다.

나는 현명한 자기이익 추구를 이성적이고 충만한 삶의 필요조건이자 자존감의 필요조건이라고 설득하려 한다. 하지만 사실 이것은 혼란을 야기할 수 있는 생각이기도 하다.

이 혼란은 여성에게만 국한되는 문제는 아니다. 우리는 어렸을 때부터 이기적인 행동은 세상에서 가장 하기

쉬운 일이며, 자기희생을 실천하는 것이야말로 용기와 인내를 필요로 한다는 말을 들어왔다. 심리상담을 받은 사람이라면 이해하겠지만 사실은 그 반대로 할 때 더 큰 담대함이 필요하다. 나의 욕망을 소중히 여기는 것, 독립적인 가치를 생성하고 그 가치에 계속 충실한 것, 가족이나 친구가 인정하지 않는 목표를 지키는 것이 실상 더 어려울 경우가 많다. 생각보다 많은 이들에게 진정 원하는 것을 포기하는 일이 더 쉽다.

이렇게 이기심을 긍정적인 방식으로 언급한다고 해서, 다른 사람들이 원하는 바는 무시하고 오직 자기 것만 챙기는 치졸한 이기심을 추구해도 괜찮다거나 다른 사람들은 오직 나를 떠받들기 위해 존재하는 듯이 행동해도 된다고 말하는 것은 아니다. 자신의 욕구와 가치를 존중하고 정당한 관심 분야를 사수하려는 생각 깊은 사람들이 공통적으로 지닌 지적인 이기심을 말하는 것이다.

레이첼은 자신의 인쇄소를 경영하는 사업가다. 그녀는 지난 18개월 동안 자기 이야기가 아닌 이야기에는 집중력이 너무나 짧은, 비정상적으로 자기애적인 외과 의사와 데이트를 하고 있었다. 그는 그녀를 사랑한다는 표현을 멋들어지게 했지만 대화 중에 그녀가 자기 이야기를 하려 할 때마다 신경질적인 반응을 보이곤 했다. 다른 사람들 앞에서는 한없이 매력적이고 자애롭다가도 둘만 있으면 변덕스럽고 까다로운 사람이 되었다. 전 아내와의 관계와 말썽피우는 십대 아들과 무능력한 병원 직원 등 그의 기대에 못 미치는 주변 사람들 때문에 인생이 피곤해서라는 핑계를 대곤 했다.

레이철과 있을 때 그에게 물리적이건 감정적이건 친밀감은 '스트레스를 주는' 것이 되었다. 그는 사랑을 잘 나누지도 않았고 그녀가 시작할 때만 응해주었다. 그는 로맨스에 대해 말하기는 좋아했지만 실제로 로맨틱한 관계로 살지는 않고 있었다.

레이철이 가끔 그녀의 생활에는 전혀 관심을 두려 하지 않는 그와의 대화가 힘겹다는 말을 꺼낼 때가 있었다. 그러면 그는 말 중간에 끼어들어서 그의 인생이 얼마나 괴로운지 이해하지 못한다고 구구절절 설명했다. 레이철은 그의 고민과 불만을 듣고 그 사람부터 배려하기 위해 노력하고 또 노력했으며 자신의 불만은 무시하려고 했다.

한 달 정도 상담을 받은 후 레이철은 처음으로, 이 관계에서의 불만을 강하게 토로해보았다. 연인은 단번에 그녀를 몰아세우며 이렇게 소리쳤다.

"당신 어쩌면 그렇게 이기적이야?"

여기서 중요한 건 그가 이 말을 했다는 사실이 아니다. '이기적'이라는 단어가 그녀를 얼어붙게 했고, 그 말을 듣는 즉시 그녀는 현실적이고 도덕적인 관점을 잃어버리고 말았다는 점이다. 그녀는 아주 오래전에 엄마가 했던 말이 머릿속에서 다시 들려오는 것 같았다. '언제나 다른 사람 입장부터 배려해라. 다른 사람을 불편하게 하는 말이나 행동은 하지 말거라. 이기적인 것은 죄악이야.' 그녀는 연인에게서 '이기적이다'라는 비난을 들었을 때 어떻게 반응해야 할지 알 수 없었다.

"선생님은 제가 이기적이라고 생각하세요?"

그녀는 내게 물었다.

"글쎄요. 당신은 자신에게 중요한 건 뒤로 하고 항상 양보했지요. 이번에 딱 한번 자기의 감정이 존중받기를 바랐잖아요."

"하지만 그것도 이기적인 건가요?"

그녀가 계속 물었다.

"그렇겠지요."

내가 대답했다.

"그렇다면 숨 쉬는 것도 이기적이지요."

배려를 해서는 안 된다거나 가끔은 파트너의 욕구를 더 존중하는 것이 필요치 않다는 뜻이 아니다. 한 사람만 계속 희생하고 다른 사람은 계속 상대의 희생을 수집하는 관계는 비도덕적이며 파괴적이다. 관계의 목적은 기쁨이지 자기 소멸이 아니다.

레이철은 그에게 차분하게 사실만을 전달해보았다.

"그럼 당신 감정을 내 감정보다 더 중요하게 대하란 말이야?"

이렇게 말하기도 했다.

"그 말의 의도는 당신 이야기는 들을 가치가 있고 내 말은 그렇지 않다는 건가?"

그가 마침내 그녀에게 소리를 질렀다.

"그 상담인지 뭔지가 당신 여성성을 망가뜨리고 있어."

그녀는 이 관계를 끝내야 될 때가 왔다는 것을 알았다. 왜 그전에 깨닫지 못했는지 의아했다. 하지만 그렇다고 해서 관계를 끝내는 것이 쉽지만은 않았다.

여성은 자기주장을 하는 법을 배울수록 종종 '이기적'이라는 비난을 듣곤 한다. 이러한 비난은 상대를 착취하고 통제하는 도구로 주로 사용된다. 죄책감에 사로

잡힌 사람들은 비난하는 사람의 요구대로 자신의 욕구를 포기하고 만다.

나와 상담했던 조각가 아스트리드는 부모님에게 자신은 아이를 갖지 않기로 했으며 모든 에너지를 일에 쏟아붓겠다고 말했다. 그러자 부모님은 대뜸 이 말부터 했다.

"넌 어쩌면 그렇게 이기적이니?"

맥신은 법률사무보조원으로 일하면서 남편이 학교를 마치도록 도왔다. 그가 직업적으로 자리를 잡게 되자 이제 자신의 학비를 지원해줄 수 있겠냐고 물었다. 그랬더니 남편이 대답했다.

"당신 왜 이렇게 이기적이고 요구가 많은 사람이 됐어?"

고급식료품 숍의 공동 경영자인 말로리는 비즈니스 파트너에게 일의 분배가 공평하게 이루어지고 있지 않다고 설명하려 했다. 그녀가 너무 많은 의무를 감당하고 있어 착취당하는 느낌이며 파트너가 자기 몫의 일을 하지 않으니 자기만의 사업을 시작해보겠다고 했다. 그러자 파트너는 이렇게 저항했다.

"맙소사, 당신 왜 그렇게 이기적이 된 거지? 난 우리가 친구인 줄 알았어."

옹졸한 의미에서 이기적인 남녀들, 오로지 자신만의

욕구에만 관심이 있고 다른 사람들은 그들에게 뭐든 해줘야 한다고 기대하는 이들이 배워야 할 것은 자기희생이 아니라 정의와 객관성이다. 그런 사람들의 문제는 그들이 이기적이라는 점이 아니라 자기 이익에 대해 바보 같은(혹은 아이 같은) 개념을 갖고 있다는 것이다.

오늘날의 여성들은 과거와 같지 않으며 점점 부당한 현실에 눈뜨고 있다. 강연자가 여성들에게 이렇게 묻는다면 과연 어떤 반응이 나올까?

"당신만의 욕구와 원하는 바는 생각하지 말아요. 당신이 내조하는 사람의 욕구만 생각하세요. 자기희생이야말로 가장 훌륭한 덕목입니다."

물론 남자들도 이기심과 희생이라는 문제에 대해서 생각해봐야 한다. 이는 모든 사람에게 영향을 미친다.

개개인이 다른 사람의 목적을 위한 수단이 아니라, 그 남자 혹은 그 여자 자체가 목적이라는 것을 이해하지 못한다면 우리는 나 자신이나 타인을 온전히 대할 수 없다. 타인이 우리의 소유물이 아닌 것처럼 우리 자신도 어느 누구의 소유물도 아니라는 사실을 이해하지 못한다면, 곧 모든 인간은 희생해야 할 객체가 아니라 독립적이고 자기 책임이 있는 동등한 존재라는 사실을 이해

못한다면, 우리는 누가 더 많이 누리고 더 가져가는가를 두고 계속 싸우게 된다. 여기서 가져갈 수 없는 것이 있다면 자존감이다.

이는 인생을 대하는 바람직한 기본 태도라 할 수 없다. 관계를 위한 바람직한 기본 태도도 당연히 아니다.

11

질투에 대하여

 나는 종종 질투가 낮은 자존감의 발로인지, 혹은 자존감 높은 사람들은 이 괴로운 질투란 감정을 전혀 경험하지 않는지라는 질문을 받는다.

 간단히 대답하자면 질투는 부족한 자존감의 반영일 수도 있지만 항상 그렇지는 않고 반드시 그렇지도 않다. 자기 불안이나 자기 의심이 비교적 덜한 남녀에게서도 질투라는 감정이 자연스럽게 느껴지는 상황이 있다.

 정열적인 사랑이나 로맨틱한 사랑은 성적인 배타성을 수반하기 마련이다. 그 결과 배타성을 잃게 되면, 말하자면 자신의 파트너가 다른 사람과 성적인 관계를 맺게 되면 크나큰 고통이 따를 수밖에 없다. 그런 괴로움조차 질투라고 부르고 싶어 하는 사람이 있다면, 나는 그 감정이 매우 정상적이며 그것이 상처받는 이의 자존감에 대해 무언가를 추론할 만한 근거는 되지 못한다고 말하겠다.

하지만 만약 질투로 괴로워하는 이가 그저 감정적인 고통만 느끼는 것이 아니라 자기의 가치가 무너진 것 같다고 느끼기도 한다면, 나는 그 사람에게 자존감의 문제가 있으며, 그 자존감의 문제는 애인의 배신보다 더 우선한다고 말하겠다. 세탁소를 운영하는 잔은 이렇게 말했다.

"만약 그가 그 여자와 또 자서 나를 배신한다면, 나의 가치는 뭐가 될까요? 그는 내 자존감을 0으로 만들어버렸어요."

이때의 문제는 잔이 고통을 느낀다는 점이 아니다. 이 상황에서 고통은 지극히 정상적이다. 문제는 그녀가 이 상황에서 자신의 본질에 대해 이상한 결론을 끌어내려 한다는 것이다.

애초에 자존감이 굳건한 사람이라면 그들이 통제할 수 없는 다른 사람이 자신의 자존감을 망가뜨릴 수 있다는 상상조차 하지 않는다. 우리의 자존감에 책임이 있는 유일한 사람의 행동은 우리의 행동이다. 다른 어떤 사람의 행동도 우리 자신의 가치를 반영하지는 못한다(우리가 그 행동을 허가했거나 지지하지 않은 한 그렇다). 잔은 이 사실을 배워야 한다.

일반적으로 질투는 불안감, 위협받는 느낌, 괴로움, 거절당하거나 버림받는 상상과 관련이 깊다. 때로는 우리 파트너와 (실제로건 상상이건) 다른 사람과의 관계에 분노로 반응하는 것과도 관련이 깊다.

어떤 이들은 내면 깊숙이 자기를 의심하고 언젠가는 거절당하거나 버림받을 거란 생각을 끊임없이 한다. 그렇기 때문에 더 강한 질투를 느끼기도 한다. 하지만 (상대의 배신이 아니라 해도) 자신감이 있는 사람이건 결여된 사람이건 상관없이 질투심을 느낄 수 있는 상황은 얼마든지 있을 수 있다. 질투는 사랑과 행복에는 끝이 있다는 불안 섞인 우려에서 발생하기도 한다. 다른 이들이 내가 받고 싶은 관심이나 친절을 받을 때 질투를 느낄 수도 있다. 어떤 이는 파트너가 한눈을 팔거나 다른 이들에게 관심을 표현할 때 질투를 느낀다. 과거의 관계에서 애인의 배신을 경험했던 사람들은 새로운 사람과 연애를 시작했을 때 작은 일에도 불같은 질투를 하게 될 수도 있다.

확실한 건 자신감이 더 있을수록 우리는 더 신뢰를 하게 되고, 파트너에게 더 사랑받는다는 느낌을 받으며, 극단적인 형태의 질투를 경험할 가능성은 더 낮아진다는 것이다. 우리는 '질투 많은 사람'이 되지 않더라도 가끔은 질투라는 감정을 느낄 수는 있다.

이런 질문을 해보자.

"로맨틱한 사랑을 하는 이는 아무리 자신감 있는 개인이라 할지라도 필연적으로 고통의 감정을 느끼게 될 수 있고 사랑을 잃을지 모른다는 불안을 갖게 되는 걸까?"

이에 대한 대답은 '그렇다'이다. 하지만 이렇게 묻는다면 어떨까?

"사람을 사랑할 때면 잠재적 라이벌에 대한 불안, 고통, 분노가 필연적으로 따라와야 할까?"

그렇다면 나의 대답은 '아니다'이다.

하지만 우리가 정서적으로 약간은 불안하고 질투를 자주 느끼는 사람이라고 가정해보자. 그렇다면 우리는 관계를 망치지 않기 위해서 이런 감정들을 어떻게 조절해야 할까?

질투를 하게 되면 보통은 침울해지거나 침묵에 빠진다. 그렇게 되면 우리의 파트너는 불편해지고 거부당하는 기분을 느낀다. 또 하나의 흔한 반응은 분노인데 이것 또한 적의와 공격성을 유발하기 쉽다. 두 가지 반응 모두 이미 악화된 상황을 더 악화시키고 대화를 불가능하게 할 뿐이다. 그러니 질투라는 감정을 느낀다 해도 상황을 조금이라도 낫게 만들기 위해서는 어떻게 반응할지 고민해봐야 할 것이다.

클라라는 법률회사 비서로 남편이 파티에서 다른 여성에게 추파를 던지는 모습을 목격했다. 그녀는 그 즉시 남편의 행동을 비난하고 공격했다. 남편은 절대 그러지 않았다고 부인했다. 그들은 며칠 동안 말 한마디도 서로 나누지 않았다. 상담 시간에 그녀는 그런 일이 일어나는 것을 보았을 때 이렇게 말해야 한다는 것을 알게 되었다.

"당신의 그 모습을 보고 있으니 약간 불안해졌어. 두렵기도 했고. 당신이 집을 나가거나 날 떠나는 상상을 하기 시작했어."

그녀는 자신의 감정에 스스로 책임을 졌고, 더욱 호의적인 대화가 이루어질 수 있는 맥락을 만들어냈다. 그녀는 분노를 완전히 부정하거나 밀어내려고 하지는 않았다. 그 상황에서 얼마든지 수긍할 수 있는 감정이라는 것을 깨달았지만, 그 분노를 대화의 중심으로 만들면 자신에게 이익이 되지는 않는다는 사실도 알았다. 그녀의 남편은 공격당한다고 느끼지 않았기에 자신을 방어하려고 하지도 않았다. 그저 그녀의 말을 들어주었다. 그는 자신이 여자에게 약간은 관심을 보였다는 사실과 의도적이지 않았지만 아내에게 상처를 주었다는 사실도 인정했다. 둘 사이의 문제가 그 즉시 해결된 것은 아니었지만 더 깊고 의미 있는 탐험을 위한 길은 열렸다고 할 수 있다.

감정을 직시하고 인정하고 소유하고 그에 대해 정직하게 이야기할 필요는 있다. 그러나 그 감정이 관계를 파탄 낼 수 있는 행동으로 발전하도록 내버려두지는 않는 것이 좋다. 처음에는 서로 마음을 닫고 상처받은 채 입을 꾹 다물 수도 있다. 그러나 이런 상황에서 유일한 해결책이자 희망은 비난이 아니라 진심이 담긴 대화와 정직한 감정 공유뿐이다.

주식중개인인 로렌은 다른 여성들이 그녀의 남편에게 보이는 관심 때문에 질투의 감정을 느낀다고 털어놓았다. 그녀는 남편이 언제나 빈틈을 보이면서 여자들의 관심을 일부러 불러온다고 주장했다. 남편의 행동을 바꾸기 위해 무엇을 하고 싶은지 물으니 그녀는 대답하지 않았다. 나는 그녀에게 혼자 우울해하거나 침묵에 빠지지 말고 불안한 속마음을 솔직히 이야기해보는 것이 어떻겠느냐고 제안했다.

남편과 대화하면서 그가 여성들의 관심을 받는 일을 즐겼다는 것이 서서히 드러났다. 일부러 그런 상황을 만들진 않았지만 굳이 밀어내려고 하지도 않았다는 것을 알게 되었다. 남편은 처음엔 약간 저항했지만 앞으로 조금 더 조심하겠다고 말했다.

로렌은 자신의 두려움을 자기가 책임지고 지켜보며 그에 대해 이야기해보기로 했다. 또한 자신이 열두 살 때 가족을 버리고 다른 여자에게 가버린 아버지와 남편은 다르다는 사실도 계속 상기하려 했다.

만약 우리가 이성에게 눈길을 주고 우리의 파트너가 질투하는 쪽이라면 우리의 첫 번째 임무는 진실해지는 것이다. 파트너의 느낌이나 지각을 무조건 부정하면 무언가 질투할 것이 있다는 그들의 불안을 확인시켜주는 것과 같다.

편집자인 린다는 내게 이렇게 말했다.

"밥이 내게 남자들에게 쉽게 다가가지 말라고 했을 때 처음에는 그저 그의 상상일 뿐이라 말하고 싶었어요.

책망받는다는 두려움에 사로잡혔거든요. 명백히 사실이지만 부정하고 싶기도 했어요. 젊은 시절에 연애를 많이 해보지 못했고 그래서인지 남자들의 관심을 나에게 묶어두는 걸 즐겼던 것 같아요. 그 사실을 밥에게 인정하니 밥의 마음도 조금 풀렸어요. 내 행동을 이해할 수도 있겠다고 말했지요. 그가 이해한다고 말해주니 나도 내 감정을 더 잘 관리하고, 그 감정에 지배되지 않고 부적절하게 행동하거나 그를 불편하게 만드는 행동을 하지 않게 되더군요."

 질투는 정당하건 아니건 고통스러운 감정임은 분명하다. 때론 부끄럽고 수치스럽기도 하다. 나의 감정이건 파트너의 감정이건 질투는 진심과 연민을 갖고 조심스럽게 다루어야만 하는 감정이 맞다. 그 밑에 깔려 있는 괴로움과 두려움까지도 파고들 만한 용기가 있다면 질투의 강도는 서서히 줄어들게 되어 있다. 그와 함께 자존감은 올라간다.

12

모욕하지 않고 분노를 표현하는 기술

우리 중 일부는 화가 났을 때 나중에 반드시 후회하게 될 끔찍한 말을 내뱉는다. 어떤 이들은 아무리 화가 나도 그 감정을 대화로 풀려고 하지 않는다.

분노는 언제나 복잡하고 혼란스러운 감정이다. 안타깝게도 어린 시절부터 지금까지도 이 분노란 감정을 제대로 다루는 법에 대해서 말해주는 사람을 만나지 못했다. 착한 사람이라면 분노란 감정을 표현하기는커녕 느끼지도 않아야 한다는 생각을 암묵적으로 주입받기도 한다.

그럼에도 우리는 인간이기에 화가 날 수밖에 없는 순간이 있다. 아무리 감정을 잘 다스리고 보살펴도 우리는 파트너에게, 우리 아이들에게, 친구들에게 걷잡을 수 없이 화가 난다.

화가 날 때 가장 흔하게 하는 실수는 인신공격을 하거나 도덕적인 훈계를 하거나 정신적인 문제로까지 확대하는 것이다.

"병적인 신경증 환자나 이런 식으로 행동하지! 넌 내가 만난 가장 인간 말종인 너희 엄마랑 똑같아! 넌 정말 구역질나는 인간이야!"

이런 식의 대사는 상대의 자존감을 겨냥한 것이다. 이렇게 해서 얻을 수 있는 건 상대방의 반격뿐이다.

다른 사람이 마음과 머리로 당신을 이해하려고 노력하는 것을 원하는가, 아니면 자기 자신을 방어하려고 하는 것을 원하는가? 인격적인 무시는 그 사람을 핵심 문제에서 멀어지게 하고 자기 보호와 자기 정당화만 하게 만들 뿐이다. 본래 의도가 상처를 주는 것이라면 인격 말살적인 언어 구사는 아마도 가장 좋은 방법이 될 것이다. 하지만 당신의 목표가 상호 이해이자 화해라면? 이것은 패배로 가는 지름길일 뿐이다.

그렇다면 분노를 표현하는 적절한 방법이 있을까? 나는 다음 단계가 도움이 된다고 믿는다.

당신을 화나게 하는 상대의 특정한 행동이나 사건을 사실 그대로 기술해보자. 듣는 이는 정확히 무엇이 당신의 분노를 유발했는지 알게 될 것이다. 가끔 사람들은 화가 난 원인이 무엇인지는 말하지 않고 그전 10분 동안 자신의 감정만 쏟아버린다. 이런 식으로 말해보자.
"내가 당신 하는 말에 반대하면 당신은 나를 무시하는 발언을 해."

당신의 감정을 묘사한다. 이런 식으로 말하자.
"…그래서 그때 나는 분노가 치밀고 무척 불쾌했어."

당신이 원했던 바를 묘사한다. 이런 식으로 말한다.
"내가 당신 말에 반대했을 때 내가 오해한 거라 생각한다면 내 말에 일단 답을 해야지. 비꼬거나 인신공격으로 나가지 말고."

차분하게 말할 수 있다면 다행이지만, 언제나 명랑한 톤으로 말해야만 할 의무는 없다. 당신에게는 화를 낼 권리가 있다. 내가 걱정되는 것은 당신이 하는 말의 내용이다.

12 모욕하지 않고 분노를 표현하는 기술

효과적인 대화는 어떤 방식인지 예를 들어보도록 하자.

"그동안 계속 신경 쓰이던 일이 있었는데 당신에게 솔직히 이야기할 수 있기까지 오래 걸렸어. 지금도 쉽지가 않아. 내가 당신에게 이야기할 때 당신은 반응 없이 듣기만 하고 그 뒤에도 당신 행동에는 아무 변화가 없는 것 같았어. 짜증나고 무기력해지고 투명인간이 된 것 같고 화가 났어. 당신이 내가 왜 그 말을 해야 했는지 들어주고, 당신도 당신 생각과 감정을 공유해준다면 나에게 아주 큰 의미가 있을 거야."

이럴 때 듣는 사람 입장에서는 더 마음을 열게 되고 적절한 반응도 하게 된다. 이 안에는 어떤 비난이나 공격이나 협박이 없기 때문이다.

아주 극단적인 상황이라면 이런 식으로 말해도 문제는 없다.

"잠깐 혼자 있어야겠어. 나 지금 너무 화가 났거든. 지금 내 입에서 어떤 말이 나올지 몰라. 나도 날 믿을 수 없어."

파괴적인 방식으로 화를 표현하는 사람들이 있는 반면 오직 침묵으로만 일관하며 혼자 괴로워하는 사람들도 있다. 그들은 이런 식으로 느낀다.

"내가 반항해봤자 뭐하겠어. 나를 그렇게까지 변호해

야 할까?"

지역 병원에서 자원봉사를 하는 루이즈는 이런 불평을 했다.

"시어머니가 우리 집에 오시면 오직 당신 아들과만 이야기하세요. 나는 존재하지도 않는다는 듯이요."

그녀는 이에 당연히 화가 났지만 있는 그대로의 감정을 전달하기는 겁이 났다. 나는 만약 두렵지 않다면 어떤 식으로 말하고 싶으냐고 물었다.

"아마 시어머니에게 이렇게 말하겠지요."

그녀는 머뭇거리며 말을 한참이나 찾았다.

"이렇게 말할 거예요. '어머니, 참 심성이 못됐네요. 어떻게 그렇게 생각이 모자라나요. 어머니는 그야말로 말이 안 통하는 한심한 사람…'."

나는 그보다는 이렇게 말하는 것이 어떻겠냐고 물었다.

"저도 어머니가 여기 오시는 게 반가웠으면 좋겠어요. 하지만 어머니가 오시면 항상 아들하고만 대화하고 저는 없는 사람 취급하니 저는 어머니가 곁에 계시거나 우리 집에 오는 것이 즐겁지가 않아요."

그녀는 내 말을 듣자마자 말했다.

"오, 그렇게 말하는 게 더 끔찍하네요!"

12 모욕하지 않고 분노를 표현하는 기술

내가 언성도 높이지 않았고 모욕적인 말도 아닌데 왜 그러냐고 묻자 그녀는 답했다.

"내 버전에서는 이 모든 모욕과 비난의 초점이 시어머니잖아요. 나 자신에 대해 말하는 게 아니에요. 그게 더 안전해요. 하지만 선생님 버전에서는 초점이 나에게, 내 감정에 맞춰져 있잖아요. 선생님이 말한 대로 말한다면 나는 내 감정이 중요한 것처럼 행동해야 한다는 거잖아요."

정확하게 짚었다. 자존감을 표현하는 방법 중에 하나는 우리 감정, 우리 욕구, 우리 존엄을 존중하는 것, 우리 자신을 소중하게 다루는 것이다. 자존감이 낮은 사람은 자기표현과 자기주장을 두려워한다. 하지만 그 두려움은 얼마든지 극복할 수 있다.

고인이 된 아동심리학자인 하임 기너트는 "모욕 없는 분노"를 표현해야 한다고 주장했다. 물론 자연스럽게 내 언어 습관이 되지는 않는다. 꾸준한 훈련과 연습이 필요한 일이기도 하다. 어떤 이들은 루이즈의 경우처럼 터놓고 말하는 법부터 배워야 한다. 어떤 이들은 다분히 상대에게 수치와 고통을 주려는 의도를 지닌 단어를 사용하지 않고도 나의 불만을 전달하는 법을 배워야 한다.

모욕하지 않고 분노를 표현하는 기술을 배울 때는 스스로에게 이렇게 묻는 것이 필요하다.

"내 목표가 뭘까? 상처주고 모욕하는 것인가? 아니면 날 이해하게 하고 변화를 끌어내는 것인가?"

"내 목표가 감정 표출을 하며 스트레스를 푸는 것인가 아니면 건설적인 대화를 하는 것인가?"

우리가 비인간적인 취급을 당하거나 가치를 공격당할 때 자리에서 일어나서 할말을 하는 것은 무척 중요하다. 우리가 익혀야 할 것은 분노와 반감처럼 자연스러운 인간 감정의 효과적인 억압이 아니라 건설적인 대화의 기술이다. 바람직한 결과를 생산해낼 수 있는 의미 있는 대화법이다.

때로는 지금 이 순간 화를 표출하는 것이 우리의 목적에 부합하는지 아닌지를 결정해야만 하는 경우들이 있다. 하지만 화를 내는 것이 더 나은 경우라면 되도록 우리의 말이 상대에게 들릴 가능성, 상대에게 적절한 대응을 끌어낼 수 있는 가능성이 높은 방식으로 화를 내는 것이 좋지 않을까. 언젠가 모든 초등학교에서 어린이들에게 이러한 인생의 가장 기본이 되는 기술들을 가르칠 날이 오기를 바랄 뿐이다.

13
지금 나랑 싸우자는 거지?

　가끔은 우리의 자존감을 지키려고 노력한 그 방식이 오히려 자존감을 해치는 때가 있다. 의도는 분명히 나 자신을 보호하는 것이었지만 그 반대의 목표를 달성하게 되는 것이다. 남들은 모른다 해도 내내 찝찝해지고 영혼에 씁쓸한 맛이 남는다. 그런 행동의 가장 대표적인 예가 바로 방어적인 태도가 아닐까 싶다.
　누군가 우리에게 어떤 질문을 한다. 어떤 방식으로건 우리에게 도전이 되고 우리 행동을 비판하는 질문이다. 그때 우리 안에서 일어나는 기분 나쁜 느낌들, 이를테면 당혹감이나 불안감을 지워버리기 위해서 우리는 입을 다물어버리거나 정당화를 하거나 반박하거나 야기된 문제들을 회피하려고만 한다. '방어적으로' 행동하는 것이다. 그런 경우 우리에게 중요한 건 이 상황에서 진실이 무엇인지가 아니다. 어떻게 하면 이 불편한 기분에서 되도록 빨리 빠져나갈 것인가다.

이런 식으로 반응하게 되면 자존감은 상처를 입을 수밖에 없다. 왜냐하면 궁극적으로 이런 행동은 진실이나 현실을 회피하는 행동이기 때문이다.

앞서 강조했지만 자존감과 사실에 대한 존중 사이에는 매우 긴밀한 관계가 있다. 건강한 자존감을 지닌 남녀는 자기 자신을 진실과 대척점에 놓지 않는다. 그들의 목표는 언제나 자기 자신과 현재 상태 즉 현실이 동맹하고 협력하는 관계가 되는 것이다. 바로 여기서 그들의 힘이 나온다. 현실을 유념하고, 현실에 책임지고, 그 현실 앞에서 정직하게 행동한다. 이것이 자존감을 지닌 이들의 비밀이라 할 수 있다.

하지만 자존감이 흔들리면 우리는 현실을 이성적으로 바라보지 않고 날 불편하게 하는 사실을 모호한 안개 속에 숨겨놓는 능력만을 발달시킨다. 다시 말해서 방어 기술을 성공시키는 데만 집중하게 된다.

우리 행동의 의도가 만천하게 드러나면 우리의 자존감(혹은 우리의 위장僞裝)이 살아남지 못할 거라는 두려움

속으로 점점 더 빠져든다. 또한 현실은 반드시 우리가 꽁꽁 숨겨야 할 적이라는 유해한 생각 속으로 점점 빠져든다. 이런 행동은 어떤 사람이 가하는 어떤 공격보다도 스스로의 자아에 더 큰 상처를 입힌다.

그웬은 가전제품 생산 회사에서 일하고 있다. 그녀는 담당 매니저인 노라와 말다툼을 한 후에 씩씩거리면서 내 상담실에 왔다. 노라가 그웬에게 던진 어떤 질문이 그토록 그녀를 폭발하게 했는지를 알아내는 데만도 오랜 시간이 걸렸다. 알고 보니 이런 질문을 했다고 한다.

"그웬, 고객이 주문한 제품이 다음 주 수요일 전에는 배달될 수 없다는 걸 알면서도 왜 이번 주 금요일까지 배달해주겠다고 했나요?"

얼마든지 할 수 있는 평범한 질문이었고 비난조도 아니었다(그웬이 나중에 인정했다). 그 질문에 그웬은 폭발하고 말았다.

"제가 '남자 직원'이었어도 그렇게 말하셨을까요?"

이 말에는 상사는 남자 직원의 거짓말은 참을 수 있어도 여자 직원의 거짓말은 용납할 수 없어한다는 의미가 담겨 있었다. 물론 매니저 노라는 그런 발언에 절대 찬성할 수 없었고, 그웬에게 화를 낼 수밖에 없었다.

"솔직히 말해보세요."

내가 그웬에게 말했다.

"왜 고객에게 거짓말을 했나요?"

그웬은 계속 대답을 피하고 말을 빙빙 돌리다가 마침내 이렇게 말했다.

"사실대로 말하면 그 남성 고객이 나에게 화를 낼까 봐요."

그웬에게 그 말을 큰 목소리로 세 번 말하라고 요구해보았다.

"나는 남성 고객이 화낼까봐 두려워 거짓말을 했다."

이 단순한 연습을 하면서 그녀가 내게 한 말을 완전히 인정하고, 있는 그대로 경험하기를 원했다. 이 말을 세 번 반복한 후 어떤 기분이 드는지 묻자 그녀는 깊은 한숨을 쉬더니 대답했다.

"후련하네요."

나는 이 상담을 통해서 그녀가 화에 대한 두려움에서 빠져나올 수 있길 바란다고 했다. 그 과정에서 두려움의 회피가 낳는 결과를 대면하는 것보다는 차라리 두려움을 직면하는 편이 낫다고 말했다. 그녀가 말했다.

"배달이 당연히 제대로 되지 않았을 테고 그때 고객

은 정말로 화를 냈겠지요."

 상사인 노라에게 그녀의 심정을 솔직하게 말하면 어떤 기분이 들지 물었다. 그웬은 자꾸만 망설이고 피하더니 대답했다.

 "역시 두려웠겠지요. 하지만 그렇게 하겠어요. 그분한테도 그것이 정당해요."

 노라에게 처음부터 사실대로 말했다면 어떤 점이 괴로웠을지 묻자 이렇게 대답했다.

 "내가 화내는 고객을 너무 두려워한다는 사실을 들키면 부끄럽고 당황스러웠을 거예요."

 이렇게 자기 보호는 자기 파괴로 전환되고 만 것이다.

 샤를렌과 알렉스는 부부 상담을 받기 위해 나를 찾아왔다. 아내는 프리랜서 카피라이터였고 남편은 광고회사의 제작부서에서 일했다. 결혼한 지 17년째로 십대 아들 두 명을 키우고 있었다. 그들의 부부 싸움은 대부분 아이들 양육과 관련되어 있었다.

 샤를렌의 불만은 남편 알렉스가 엄마로서 자신의 판단을 신뢰하지 않고 그녀가 얼마나 많은 일을 떠맡고 있는지 인정해주지 않는다는 것이었다.

 "내가 왜 이렇게 항상 이렇게 피곤하고 날이 서 있는

지 이해하지 못해요."

그녀는 화를 숨기지 못하고 말했다.

"내가 아이들에게 소리를 지르거나 잔소리를 하면 남편도 옆에서 나에게 화를 내요. 마치 나에겐 애들을 혼낼 권리가 없다는 듯이요."

남편 알렉스는 자신이 아내를 화나게 하거나 기분 상하게 말하지 않으려고 아무리 단어를 신중히 고르고 태도를 조심해도, 아내는 그의 모든 제안을 인신공격으로만 해석하고 분개하거나 반격하는 식으로 대응한다고 말했다.

"나는 아내가 무능하다고 한 적도 없고 아내의 동기를 따진 것도 아니에요"

남편 알렉스가 말했다.

"아내의 가치를 폄하하려고 한 적도 없어요. 다만 나는 더 다정하게, 아이들을 존중하는 말투로 진지하게 말하는 게 비웃거나 모욕하는 것보단 더 효과가 있을 거라고 제안한 것뿐이지요. 그러면 그 즉시 아내는 분노하면서 내가 아내의 고마움을 모르고 언제나 내 의견이 자기 의견보다 낫다고 생각한다고 화내지요."

이유가 무엇이 되었건 간에 샤를렌이 노력과 희생을

인정받는다거나 남편이 아내를 지적으로 동등한 인격체로 대하지 않는다고 느끼는 것은 확실해 보였다.

"왜냐면 난 여자니까요."

그녀는 비통해하며 말했다. 나도 아내를 무시하고 존중하지 않는 남자들이 없지 않다는 건 안다. 그때 나는 샤를렌에게 남편이 이러한 메시지를 어떻게 전달하는지 물었다. 그녀는 즉시 대답하지 못했다. 나의 상담실에서 남편과 만나 대화해보았지만 그에게서 그런 태도의 흔적을 알아채지 못했다고 말했다.

"남자들이란 다 똑같지요."

그녀는 비꼬았다.

"우리 아버지가 어땠는데요."

그녀는 어머니를 함부로 대하던 아버지를 떠올리면 참을 수 없이 화가 난다고 말했다.

"어떤 남자도 나한테 그딴 식으로 하지 못하게 할 거예요."

나는 혹시 그녀가 어린 시절의 아픈 경험 때문에, 알렉스가 말을 꺼내기도 전에 그에게서 최악의 태도를 기대하고 있을 가능성은 없는지 조심스럽게 물었다. 남편이 그녀와 아이들과의 관계에 개입하려고 할 때 그녀가 분노하게 되는 근본적인 이유는 그것일지도 몰랐다.

"맞아요."

그녀는 한동안 생각에 빠져 있다가 말했다.

"난 항상 나를 방어하면서 사는 편이지요."

"어렸을 때 아버지가 어머니에게 대하는 태도를 보고 자라는 것이 무척 힘들었겠지요."

"우리 엄마에게만 그런 것도 아니었어요."

그녀는 날카롭게 응수했다.

"아버지는 나한테도 그랬어요. 모든 여자들에게 다 그런 태도였어요."

알렉스가 말했다.

"내가 말할 때 당신이 나를 보고 내 말을 들어주었으면 좋겠어. 나를 나 개인으로 봐주길 바라. 난 당신 상상 속의 아버지가 아니야. 그렇지 않으면 나는 보이지 않는 사람이 된 것 같은 느낌이 들 거야. 여자들은 자신을 스테레오타입이 아니라 한 명의 사람으로 보아달라고 말하지. 남자들도 마찬가지로 느껴."

샤를렌은 이론적으로는 남편의 말에 전부 동의했다. 하지만 머리로 이해해도 일상생활에서 적용하는 것은 쉽지 않았다. 그녀의 방어적 태도는 없어지면 삶이 무너져버리는 생존 전략처럼 느껴졌다.

알렉스에게 이 점을 이해시키기 위해 이렇게 말했다.

"파도치는 바다 속에 있을 때 구명조끼를 버릴 수는 없는 거지요."

샤를렌에게는 이렇게 말했다.

"이렇게 이해해보세요. 당신의 인생은 파도치는 바다라고. 하지만 당신의 방어적인 태도가 당신을 구하지는 않아요. 당신을 물 속 깊이 더 가라앉게 할 뿐이지요."

"그럼 여기서 나갈 방법은 어디 있죠?"

그녀가 물었다.

"글쎄요. 일단 이렇게 시작해봅시다. 누군가 당신에게 어떤 말을 할 때, 그들이 하는 말을 일단 듣고 이해하려고 해보면 도움이 되겠지요. 아주 간단하지요. 하지만 당신도 알겠지만 그 부분이 가장 어렵지요. 수없이 훈련과 연습이 필요할지 몰라요."

가끔 우리는 내가 아무런 잘못을 하지 않았다는 것을 알면서도, 다른 사람들의 비난과 제안과 반대가 순전히 오해이고 틀렸다는 사실을 알면서도, 으레 방어적이 되곤 한다. 상대의 말이 옳건 그르건 우리의 행동을 반대하는 것으로 이해되는 말을 들으면 곧바로 수비-공격 모드가 된다. '한번 싸워보자는 거야?'의 상태로 돌입한다.

보통 이런 패턴은 어린 시절에 부모님이나 교사 등의 권위적인 사람에게 너무 많은 비난이나 체벌을 당하며 자라온 사람들에게서 주로 나타난다. 그들은 너무나 자주 오랫동안 힐책을 받으면서 자라왔기에 실제건 상상이건 비난의 힌트만 나타나도 바로 덜컥 겁을 먹거나 극도로 예민하게 반응하곤 한다. 이런 사람에게 아무리 많은 매력적인 자질과 장점이 있다고 해도 친밀하거나 편해지기는 무척이나 어렵고 같이 있으면 지치게 되기도 한다. 그들과 정상적이고 정직한 피드백을 주고받기가 쉽지 않다고 느끼기도 한다.

루실은 심리학자로 어머니는 고등학교 교장이었고 아버지는 명망 있는 의사였다. 두 부모 모두 매우 논리적이고 지적 수준이 높고 심각할 정도로 딸에 대한 기준이 높았다. 루실은 자신이 집에 있을 때마다 부모 중 한 명이 그녀에게 어떤 식으로든 비난을 한다고 느꼈고 가끔은 상처가 되는 잔인하고 날카로운 말을 듣기도 했다. 그녀는 학창 시절 학교가 끝나고 집에 올 때마다 이번에는 어떤 문제로 혼날지 두려워 몸부터 뻣뻣하게 굳곤 했다. 자신을 방어하기 위해 거짓말을 지어내기 시작했고 할 수 있는 한 비밀스러운 생활을 하거나 알리바이를 만들었다.

대학 교수로 일하게 되었을 때도 같은 패턴이 지속되었다. 만약 누군가 그녀 일의 어떤 부분에 대해 질문하거나 의문을 표하면 그녀는 그 즉시 상대가 한 말을 공격으로 해석했고 바로 방어적인 태도로 대했다. 업무와 관련해 칭찬을 받을 때도, 사실 칭찬을 자주 받는 편이었지만 그 말을 있는 그대로 듣지 않았다. 그 말은 그녀에게 입력조차 되지 않았다. 칭찬을 받도록 '프로그램' 되지 않았다.

오직 비난만 크게 잘 들릴 뿐이었고 아무런 의도가 없는 말도 비난으로 해석했다. 어떤 사람이 문제를 제기하거나 때로 지적하면 그녀는 전혀 상관없는 방향으로 대화를 중단하거나 다른 사람을 비난하거나 말한 사람의 지식이나 동기를 따지고 들었다. 동료들 사이에서 인기가 있을 수가 없었다. 학교 내에서 평판이 워낙 좋지 않아 종신재직권을 따지 못할까봐 두려움에 차 있을 때 그녀는 나에게 찾아왔다.

상담을 하면서 이 문제의 뿌리가 어린 시절에 있음을 알게 되었다. 우리는 다른 이의 어떤 말이 결국 그녀의 방어적인 행동이나 반격으로 끝나는 이 전형적인 사이클을 끝내는 데 중점을 두기로 했다.

사이클의 첫 번째 패턴은 그녀가 누군가의 발언을 듣자마자 비난으로 해석하는 것이었다. 두 번째는 1초도 되지 않아 드는 다음과 같은 생각이다. '나는 공격당하고 있어.' 그다음 백만분의 1초 후에 그녀는 불안을 느낀다. 이것이 세 번째 순서다. 네 번째 순서는 이 불안감을 가라앉히기 위해서 그녀의 머릿속에 떠오른 가장 첫 번째 생각을 말해버리는 것이고 그것은 종종 상황과 전혀 어울리지 않는 말이었다.

이렇게 자신의 행동을 솔직히 대면하면서 그녀는 사람들이 실제로 하는 말을 점점 더 안 듣게 되었다는 사실을 깨달았다. 그녀의 머릿속에는 다른 사람들의 진짜 의도에 대한 온갖 상상이 가득했기 때문이었다(이를테면 그들의 말에는 그녀가 멍청하다거나 무능하거나 한심한 인간이라는 의미가 숨겨져 있다고 상상했다).

사실 어렵지 않게 이런 사람들을 만날 수 있다. 방어적이고 공격적인 사람들은 해석 방식이 왜곡되어 있다. 당연히 그들의 반응은 엇나간다. 상대가 한 말에는 대답하지 않고 하지 않은 말에 자기가 생각하는 대답을 한다.

그웬, 샤를렌, 루실을 비롯한 많은 사람들이 방어적인 태도를 극복하기 위해서는, 다음처럼 구체적인 단계별 전략을 도입해보는 것이 유용하다. 이 문제가 본인과도 관련이 없지 않다고 생각하는 이들이라면 한번쯤 연습해보는 것도 좋겠다.

상대가 한 말을 있는 그대로 듣는 훈련을 하라. 잠시 시간을 갖고 머릿속에서 지금 상대가 한 말을 하나하나 정확히 돌려본다.

의식적으로 숨을 천천히 깊게 쉬어서 긴장을 풀고 불안감이 당신을 압도하거나 나의 반응을 지배하지 못하도록 한다.

상대가 방금 한 말을 당신이 할 수 있는 한 정확하고 자세하게 듣고 대답한다. 생각할 시간이 필요하거나 혼란스럽다면 그렇게 말한다. 하지만 오직 사실에만 머물도록 한다. 상관없는 구역으로 들어가지 말고 무엇보다 반격부터 시작하지 않는다.

문자 그대로, 진실 그대로의 그 말에 대답한 후에도 당신의 행동을 이해시키기 위해 상대에게 나에 대한 정보를 주어야 할 필요를 느낀다면 앞의 상황과는 한 발 떨어진 차별화된 생각으로 전달한다. 당신의 첫 번째 반응과 섞이게 하지 않는다.

만약 당신에게 방어적인 태도의 역사가 있다는 것을 받아들였다면 이 단계는 필연적으로 당신에게 약간의 긴장과 불안을 야기할 것이다. 그 불안을 참아낸다. 불안을 관찰한다. 천천히 깊게 숨을 들이쉰다. 그 불안감의 손에 놀아나지 않도록 한다. 한 번에 배울 수 있는 기술은 절대 아닐 것이다. 하지만 반복하면서 분명히 배울 수 있고 그 보상은 엄청나게 크다.

첫 번째 보상은 명확하고 더 성공적인 대화 방식이다. 두 번째는 사람들 사이에서 당신이 정직하고 진실성 있는 사람이라는 평판을 얻는 것이다.

14

성공이 진심으로 두려운 사람들

　자존감은 우리에게 에너지를 공급해 우리의 목표를 성취할 수 있게 한다. 자존감은 우리의 성공에 만족하고 그 안에서 편안함을 느껴도 된다고 허락한다. 단단한 자존감을 지닌 사람이 노력 끝에 성공했다면, 그는 그 성공을 나에게 어울리는 옷처럼 자연스럽게 느낀다.

　하지만 자존감이 결여된 사람에게 성공은 미묘한 불안을 야기한다. 그 불안은 엉뚱하고 자기 파괴적인 행동을 불러오기도 한다. 오늘날 점점 더 많은 여성들이 다양한 직종에 종사하고 자기 사업을 하는 사람도 많아졌다. 나는 이 과정에서 생각보다 더 자주 이와 근본적으로 동일한 문제의 다양한 버전들을 맞닥뜨리곤 한다.

　반복적으로 출현하는 이 문제를 나는 '성공 불안'으

로 명명하기로 했다. 불충분한 자존감을 가진 이들이 일에서 성공을 거두었을 때 그 성공한 모습이 자기가 생각하는 자신의 모습과 부합하지 않고 자신에게 어울리지 않는다고 생각하면서 찾아오는 두려움과 방향감각 상실을 말한다.

"전 언제나 에너지가 넘치고 야심이 컸어요."

작은 부티크 체인을 운영하는 잔이 말했다.

"남편 데이비드는 직업 면에서 나보다 약간은 처지는 의료기사인데, 그와 결혼할 때 우리 둘 사이의 차이는 문제가 되지 않는다고 생각했어요. 그는 따뜻하고 세심한 사람이고 중요한 건 그것이니까요. 하지만 내 사업이 점점 더 잘 풀리면서 데이비드 앞에서 괜한 죄책감을 느끼기 시작했어요. 그 사람보다 수입도 훨씬 많아졌으니까요. 그러면서 의욕이 부족한 남편에게 화가 나기도 했어요. 내 머릿속에서 이런 목소리가 들렸지요. '여자가 이렇게까지 성공해서는 안 돼. 남편을 능가해서는 안 돼.' 죄책감과 분노가 많아지다 보니 중요한 고객과 싸우기도 했어요. 그러면서 내 사업도 점점 내리막길을 걸었지요. 이제 3년 반 동안의 악몽이 끝났고 다시 사업을 일으키려고 하고 있어요. 하지만 대체 뭐가 왜 잘못되었는지는 알아야겠어요. 그래야 내가 성공했을 때 같은 패턴을 반복하지 않을 테니까."

변호사인 엘리너는 말했다.

"수입이 더 많아질수록 약 없이 잠들기가 더 어려워졌어요. 뭔가 잘못되었다고, 뭔가 앞뒤가 맞지 않는다고, 이런 일이 일어나서는 안 된다고 느끼고 있었어요."

아직은 무명 배우인 토니는 말했다.

"드디어 한 단계 올라갈 계기를 만들고 난 후에는 멍청한 짓을 해서 망쳐버려요. 연습 시간에 늦는다거나 대사를 잊어버려요. 스타들에게 무례하게 굴기도 하고 감독하고 싸우기도 하지요. 내 꿈은 오직 배우로 성공하는 것뿐인데, 어쩌면 실제로 유명해질지도 모른다는 기대가 날 겁먹게 하나 봐요."

대형 백화점의 바이어로 일하는 미셸은 이렇게 말했다.

"우리 엄마가 어렸을 때부터 그랬어요. '넌 어떻게 그 정도밖에 안 되면서 네가 행복할 수 있다고 생각해?' 아직도 엄마의 차가운 목소리가 들리는 듯해요. '넌 머리도 나쁘고 이 세상을 이길 수 없어.' 이 회사를 다니면서 승진 기회를 모두 세 번 잡았는데 세 번 다 망쳐버렸어요. 한 번은 우연이라고 할 수 있지만 세 번은 아니잖아요? 내가 그렇게 만든 거예요. 만약 그대로 두었으면 두려움이 지붕을 뚫고 나갔을 걸요. 엄마의 예상과 다르게, 엄마의 축복 없이 성공한다는 생각이 날 두려움에 떨게 해요. 허공 속으로 던져진 느낌이에요."

가끔은 실패에 대한 두려움을 성공에 대한 두려움으로 위장하기도 한다. 한번 성공했지만 그 성공을 계속 유지할 힘이 없다고 느끼는 것이다. 하지만 꼭 그렇지 않은 경우도 많다. 우리는 스스로를 가치 없다고 느끼거나 성공할 자격이 없다고 생각하거나, 성공하면 (엄마, 아빠, 남편 등 누구에게든) 버림받거나 사랑을 잃을지도 모른다고 느낄 때 성공을 진심으로 두려워하기도 한다.

사람은 불안을 느끼면 자연스럽게 그 불안을 감소시키는 방법을 찾는다. 약을 먹고 조깅을 하고 과식을 하고 섹스를 하고 쇼핑을 하고 술을 마신다. 혹은 그 불안의 직접적인 원인을 제거하려고 노력하기도 한다. 성공이 불안한 사람은 성공의 수준을 지금보다는 감당할 수 있는 수준으로 낮추려 하기도 한다. 직업적인 성공을 가능케 하는 노력을 내가 못하도록 스스로 막아버린다.

보통 이 과정이 그리 의식적이지는 않다. 이렇게 주장하는 여성들도 많다.

"물론 난 얼마든지 성공할 자격이 있어요! 내가 얼마나 열심히 일하는데요!"

의식적으로 그녀의 발언은 진심일 수 있다. 하지만 조금 더 내면 깊이 들어가보면 자존감이 약할 경우, 성공은 거부감과 방향감 상실을 일으킬 수 있다. 내면에서 무언의 대화가 오고간다.

"내 인생이 이렇게 될지 나도 몰랐어."

일시적으로 현실과 내가 동기화가 이루어지지 않는 듯한 느낌을 받는다. 그렇게 되면 겁이 덜컥 날 수밖에 없다. 이렇게 느끼기도 한다.

"이건 잘못되었어. 실수야. 오래가지 않을 거야. 내 정체는 폭로되고 말 거야. 아니면 일이 크게 꼬이게 될 게 틀림없어."

자존감은 인생의 기본적인 도전에 적응하는 능력이 자신에게 있음을 실감하는 것이며 자신이 행복할 가치가 있음을 믿는 태도다(이 행복할 가치에는 당연히 성공할 가치도 포함된다). 자신이 '행복할 가치가 있는 사람'임을 느낀다면 자아실현이 자연스럽고 적합한 것으로 느껴지며, 어느 순간 바람처럼 사라져버리는 질서의 일탈처럼 보이지 않는다.

자존감에 문제가 있는 모든 사람들이 같은 정도로 이런 문제를 표출하는 것은 아니다. 성공 불안을 느끼는 모든 사람들이 똑같은 강도의 두려움을 느끼는 것도 아니다. 인간 심리의 모든 면과 마찬가지로 이것은 정도의 문제다. 성공은 당신에게 약간의 불편함을 일으킬 수도 있고 그것을 본인이 인식할 수도 있다. 하지만 극단적인 자기 파괴까지는 가지 않을 수 있다. 당신 자신의 가치를 깎아내릴 수도 있다. 성공의 속도를 늦추고 가능한 것보다 더 낮은 수준의 성공으로 만족하는 척하면서, 대체 왜 나는 그 마지막 장벽을 뚫고 나갈 수 없는지 전전긍긍할 수도 있다. 사실은 그 벽을 뚫지 못하게 하는 게 자신이라는 것을 알면서도 모른 척하는 것이다.

진실은 이렇다. 정직한 노력을 하는 한, 당신은 어떤 성공이든 가능하고 그 성공을 누릴 자격이 있다. 하지만 이 사실을 받아들이기까지 어마어마한 노력이 필요할지도 모른다. 성공을 향해 움직이고 있을 때 불안이 잠깐 끼어든다면 그저 이때 '아무것도 하지 않는 법'을 배워야 한다.

다시 말하면 우리 인생에서 잠시 비켜서 있는 것이다. 우리 감정에 숨 쉴 여유를 주고, 감정을 들어오게 허락하며 감정이 흐르는 과정을 지켜보고 감정 속으로 깊이 들어가보면서도, 그와 동시에 감정의 의식적인 목격자가 되어 불안에 이용당해 자기 파괴적인 행동을 하지 않을 수도 있다. 그러면서 서서히 성공을 견딜 수 있는 힘을 기르는 것이다. 패닉에 빠지지 않고 성공을 능숙하게 다룰 수 있는 능력을 키워갈 수 있다.

불안이 일어났을 때는 불안을 인식하는 법을 배워야만 한다. 내가 불안할 때 하게 되는 자기 파괴적인 경향의 행동은 무엇인지 알아내서 앞으로는 그런 일들을 하지 않기 위해 의식적인 노력을 해야 한다.

여기서 배운 것을 실행하기 위해서 나와 상담하는 고객들에게 매일 몇 주 동안 다음 문장으로 시작해 6개에서 10개의 문장을 완성해보라는 과제를 내주곤 한다.

여기서 더 성공한다는 생각을 할 때 나는 _____할 것이다.

나는 _____할 때 불안해진다.

내 직업에서 나를 망치는 방법 중에 하나는 _____이다.

내 일에서의 진전을 방해하는 방식 중에 하나는

_____이다.

　만약 오늘 내가 더 성공하는 것을 허락한다면 _____ 할 것이다.

　이런 방식으로 아주 천천히 새로운 존재 방식이 가능하다는 사실을 발견한다면 성공 공포는 서서히 자기 설 자리를 잃는다. 하지만 용기가 없다면 이런 과정은 시작될 수조차 없고, 끈기가 없이는 완성될 수 없다. 기쁨과 환희는 우리의 생득권일 수는 있지만 아무런 노력 없이 내놓으라고 주장할 수는 없는 것들이기도 하다.

3부

자꾸 선을 넘는 당신에게

15

말보다 큰 행동의 힘

 심리상담가로서 일하며 얻는 큰 즐거움 중 하나는 고객들이 어려움을 겪을 때 약간은 엉뚱하고 색다른 해결책을 제시하면서 실험을 해볼 기회를 가끔 가질 수 있다는 것이다.

 네이딘은 아이 엄마이자 사무 관리자로 나와 전화로 개인적인 문제들을 고민해왔다. 내 사무실은 로스앤젤레스고 그녀의 집은 미니애폴리스다. 어느 날 오후 그녀는 매우 다급한 목소리로 말했다.

 "어휴, 오늘만큼은 선생님이 여자였으면 얼마나 좋을까 싶어요."

 그녀의 첫 한 마디였다.

 "이 문제에 공감할 수 있는 남자는 아마 없을 거예요."

그녀는 다음과 같은 딜레마를 겪고 있다고 털어놓았다. 그녀의 남편은 자기 연구실을 갖고 있는 과학자다. 그녀는 남편의 연구실 운영을 도와주면서 집안 살림도 도맡아 하고 십대 아들 둘도 키우고 있다. 그녀는 가족들에게 딱 한 가지만 해달라고 요청했다. 저녁을 준비하기 위해 부엌에 들어갈 때면 쓰레기통이 비워져 있고 먹고 난 접시와 컵들이 식기세척기 안에 들어가 있게 해달라고 한 것이다.

그런데 남편과 아들들은 돌아가면서 책임을 맡기로 했지만 제대로 해놓지 못하는 경우가 부지기수였다. 거의 매일 저녁 요리를 하기 전에 그녀는 어질러진 부엌부터 치워야 했고 그럴 때면 속이 부글부글 끓었다. 집안의 남자들은 엄마 말이 옳다고 엄마 말대로 하겠다고 말은 했지만, 아무것도 변하지 않았다.

"논리적으로 따지기도 했어요."

네이딘은 말했다.

"사정사정해보기도 했고, 소리도 질러봤어요. 빌어도 보았지요. 어떻게 해도 안 돼요. 이 분야에서는 난 능력이 안 되는 사람 같아요. 어떻게 하면 좋을까요."

"어떻게 해서든지 변화를 만들고 싶다는 점은 확실한

가요?"

"그럼요. 뭐든 하겠어요."

그녀가 선언했다.

"좋아요. 내가 말한 대로만 그대로 한다면 집안의 남자들이 약속을 지키게 될 겁니다."

다음날 저녁 그녀가 다시 한 번 지저분한 부엌에 들어갔다. 그녀는 바로 거실로 나와서 책을 집어 들고 읽기 시작했다. 어리둥절해진 남편과 아들들은 저녁밥은 언제 주냐고 물었고 그녀는 방글방글 웃으며 대답했다.

"난 더러운 주방에선 요리 안 하기로 했는데?"(나는 그녀에게 말했다. "절대 혼내지 말고, 부연설명도 하지 마세요.")

남자들은 씁쓸한 표정으로 서로 눈빛을 교환하더니 부엌으로 사라졌다. 몇 분 후에 그들은 부엌이 이제 말끔해졌다고 말했고 그녀는 즐겁게 부엌으로 저녁식사를 준비하러 갔다.

다음날 저녁, 이번엔 부엌이 처음부터 깨끗했다. 그러나 그 다음날, 쓰레기통은 다시 가득 차 있었고 싱크대에는 더러운 접시들이 담겨 있었다(나는 그녀에게 이렇게 될 것이라고 경고했다). 그녀는 이번에도 역시 단 한마디도 하지 않고 부엌에서 나와 독서를 시작했다. 얼마 후에 아빠와 아들들이 서로를 비난하는 목소리들이 들리더니 당번 날짜를 주제로 한 협상이 오고갔다. (나는 그녀에게 어떤 일이 있더라도 그들의 협상에서 멀찍이 떨어져 있으라고 말했다. "당신 문제가 아니에요. 당신이 해야 할 건 치우지 않은 부엌에선 요리하지 않는다는 원칙을 지키는 것뿐입니다.")

그렇게 몇 주가 흘렀고 그녀는 이제 저녁 시간에 깨끗한 부엌으로 들어설 수 있었다. 나는 그녀에게 그래도 앞으로 적어도 한 번 이상의 '테스트'가 남아 있으니 미리 준비해두라고 했다. 몇 주 후에 그녀는 다시 한 번 지저분한 부엌을 만났고 그동안 남편과 아이들이 애써주었으니 이번만큼은 한번쯤 눈감고 넘어가주고픈 마음이 생겼다. 나는 바로 그때가 이 실험의 성패를 가르게 되는 순간이라고 그녀에게 주의를 준 바 있었다. 그녀의 반응은 일관적이어야만 했다. 그래서 그녀는 자신의 모든 의지를 끌어 모아 다시 책을 읽으러 갔다.

그리고 그 행동으로 그 문제는 영구히 해결되었다. 그녀는 이 일을 말이 아니라 오로지 행동으로만 해냈다.

나는 그녀에게 말했다.

"어떤 방식이 효과가 그리 없으면 그 일을 계속 반복해선 안 돼요. 상대의 행동을 바꾸고 싶으면 당신의 행동부터 바꾸어야 합니다. 가족들에게 협조하지 않으면, 엄마에게 약속한대로 하지 않으면 안 되는 강력한 이유를 제공했어요. 이 이야기의 교훈은. 시행착오를 겪게 되면 완전히 새로운 행동을 고안해야 한다는 거지요."

신문기자인 델라는 연인이 그녀의 소비 생활을 무시하는 발언을 할 때마다 기분이 좋지 않았다. 그녀가 말했다.

"정말 날 미치게 하는 건요. 멜은 정말 착하고 좋은 성품을 지닌 사람이란 거예요. 하지만 그는 아버지에게서 비꼬고 빈정거리는 말투를 배웠고, 짜증이 날 때마다 아버지 말투를 그대로 하게 된다는 거예요. 나중에 사과하긴 하지만 그래도 내게 상처는 남아요. 아무리 여러 번 말해도 바뀌지 않았어요. 상담을 받으려고 하지도 않았지요. 어떻게 해야 할지 모르겠어요. 그냥 나머지 좋은 점들을 보면서 참아야 할까요?"

내가 대답했다.

"아니요. 그보다 더 나은 방법이 있을 듯한데요?"

다음에 멜이 냉소적이고 비꼬는 말을 할 때, 델라는 가방을 열고 노트를 꺼냈다. 그런 다음 남자친구가 보는 것을 확인하고 무언가를 적어 내려가기 시작했다.

"당신 뭐해?"

그가 약간은 안절부절 못하며 물었다.

그녀는 내가 말한 대로 방긋 웃으며 대답했다.

"나한테는 우리 관계가 무척 중요하거든. 그래서 가끔은 당신이 한 말들을 잊고 싶지 않아서 그 말들을 기록해놓으려는 거야." (나는 그녀에게 말했다. "잊지 말아요. 절대 날카롭게 말하지 말아요.")

그런 다음 그녀는 매우 나긋나긋한 말투로 말했다.

"당신 그 말 다시 한 번 해줄래? 자기가 한 말 그대로 옮겨 적으려고 하는데? 당신 생각이 나한테는 정말 중요해서 그래."

처음에 그는 사과했고 웃으면서 이렇게 말했다.

"브랜든 선생이 시킨 거지?"

하지만 내가 조언한 대로 그녀는 자신의 행동이 무엇을 뜻하는지를 논하는 건 거부했다. 화를 내거나 부연설명을 붙이거나 언쟁을 벌이지도 않았다(한 번의 코칭으로는 상당히 어려운 일이었다).

두 번째 주에는 아무 사건이 없었다.

세 번째 주에 그는 두 번 말실수를 했다. 그녀가 다시 무언가 적기 시작하자 그는 화를 냈다. 하지만 이번에도 그녀는 웃으며 넘어가 싸움으로 번지지 않도록 했다.

세 번째 주와 네 번째 주에도 아무런 문제가 없었다.

다섯 번째 주에 그는 또 한 번 비꼬는 투로 말하다가 스스로 멈추었고, 그 자리에서 사과했다.

"내가 정확히 뭘 한 건가요?"

델라가 내게 물었다.

"사람들은 까칠하게 말할 때도 있지만, 보통은 지금 자기들이 무엇을 하고 있는지 자각하기만 한다면 그런 말을 하지 않지요. 멜에게는 스스로 고쳐야 할 나쁜 습관이 있었을 뿐이에요. 당신이 한 일은 그 행동이 일어나는 순간에 자각할 수 있도록 한 거지요."

6주째, 멜은 나에게 전화해 상담 약속을 잡았다.

모든 상황에 적용되는 절대적인 법칙이 있어서 언제나 우리가 원하는 반응을 이끌어내는 건 아니다. 그저 이런 상담 사례들이 그동안 이성적인 대화로는 해결되지 않던 묵은 문제에 다른 반응이 나올 수 있는 창의적인 해결책을 시도하는 데 영감을 주기를 바랄 뿐이다. 특정 전략이 계속 실패한다면 이제까지와는 다른 방법을 시도해보자. 아인슈타인의 명언이 있지 않은가.

"정신 이상: 똑같은 방법을 계속 반복하면서 다른 결과가 나오길 기대하는 것."

16
자꾸 선을 넘는 당신에게

　아이린은 주식중개인으로 가장 친한 친구가 자살한 이후에 죄책감으로 괴로워하다가 상담을 찾았다. 우울증을 앓던 친구에게 제발 전문적인 도움을 받으라고 수차례 간곡하게 애원했지만 친구는 듣지 않았다. 그녀는 수많은 날을 친구를 고통에서 빠져 나오게 하려고 했지만 소용이 없었다.
　"내가 친구를 막을 방법만 있었다면요."
　그녀는 상담을 하면서 눈물을 멈추지 못했다.
　"내가 친구에게 어떻게든 희망 한줌만 줄 수 있었다면 이런 비극은 일어나지 않았을 거예요."
　상담을 하다가 나는 그녀가 자신을 '돕는 사람'으로 인지하고 있다는 사실을 알게 되었다. 그녀는 무의식적으로 자신이 모든 힘을 가진 사람이고, 그렇게 생각하며 살아야 한다고 상상하고 있었다. 친구가 수면제 여러 알을 삼켰을 때 아이린의 자존감은 무너져버렸다. 아니, 그보다 그녀의 자존감의 환영이 무너졌다고 할 수 있을 것이다. 환상과 자기기만에 바탕을 둔 자존감은 애초에 진정한 자존감이라고 할 수가 없기 때문이다.

아이린은 언제나 책임감 강한 자신의 모습에 자부심을 느껴왔다. 어떤 문제가 발생하면, 그 문제가 자신의 문제이건 타인의 문제이건 그것을 풀기 위해 발 벗고 나서곤 했다. 그녀는 유능하다는 느낌을 사랑했다. 문제를 해결했을 때 받는 칭찬과 감사를 즐겼다. 실패의 경험은 많지 않았다. 그 실패가 친구의 죽음이라는 형태로 왔을 때 그녀는 처참하게 무너졌다.

책임감이란 매우 훌륭한 미덕이다. 하지만 그 책임감을 현명하게 실천하기 위해서는 우리의 선택이 가능한 문제에서만 책임을 질 수 있다는 사실을 이해해야 한다. 우리 힘 안에 있는 것이 무엇이고 우리의 의지 안에 있지 않은 것은 무엇인지 구별해야 한다. 그렇지 않으면 '책임감'이라는 개념이 잘못된 방향으로 가면서 우리에게 재앙을 초래하기도 한다.

한마디로 말해서, 나는 내 선택과 행동에는 책임이 있지만 다른 사람의 행동과 선택에는 책임이 없다. 우리는 타인에게 영향을 미칠 수는 있지만 다른 사람들의 머리와 마음을 조종할 수는 없다. 다른 사람들이 어떤 생각을 하고 어떤 행동을 할지까지 정할 수 없다. 그러니 우리의 선이 어디까지인지를 배워야만 한다. 아이린이 이번 상담을 통해 깨달아야 할 것은 이것이었다.

어린 시절 그녀의 엄마는 지치지 않고 남들을 돌보고 살피는 역할을 충실하게 해냈다. 가족뿐만 아니라 친척과 이웃과 친구들도 챙겼다. 그녀의 엄마는 누군가에게 문제가 생기면 곧바로 그 사람의 인생에 '개입했고' 해결책을 찾아야 한다는 책임을 가졌다. 해결하지 못하면 마음이 무거워지곤 했다. 상담 시간에 아이린은 이렇게 말했다.

"어렸을 때부터 그런 엄마를 보면서 여자란 타인과의 경계가 없는 사람이라고 생각하게 되었어요."

플로렌스는 화장품 회사 사무실의 매니저였다. 직원들은 자신들이 풀어야 할 업무상 문제를 들고 그녀를 찾아오곤 했다. 플로렌스는 누구에게도 싫다고 말을 하지 못했고, 다른 직원들 일을 해주느라 시간을 보낸 후에는 야근을 하곤 했다. 그녀가 애초에 고용된 이유는 직원들에게 업무를 배분하는 것이며, 직원들에게 이미 만들어진 해결책을 주는 것이 아니라 문제를 스스로 풀 수 있도록 하는 것이라고 지적하니 그녀는 대답했다.

"맞아요. 선생님 말씀이 지당해요. 하지만 사람들이 도움을 요청하면 거절하는 것이 제겐 왜 이렇게 힘들까요? 이기적인 사람으로 보이는 데 대해선 거의 공포를 느껴요. 목사님의 목소리가 들리는 것 같거든요. '여자들은 취하는 이가 아니라 베푸는 이다.'"

내가 물었다.

"그렇다면 자신의 무게를 확실히 감당하면서 다른 사람들에도 그렇게 하라고 요구하는 여자가 되는 건 어떨까요?"

"그게 여자다운 태도라고 생각하세요?"

그녀는 머뭇거리며 물었다.

사회화 과정에서 여성은 종종 도움을 주는 사람이 되어야 한다는 말을 듣는다. 또한 그들과 다른 이들 사이에 경계가 없어야 한다고 생각하기도 한다. 이 관습을 위반하기로 했을 때는 독립성과 용기가 요구될지도 모른다. 권위 있는 사람들이 주입한 내면화된 목소리에

'노'라고 말해야 할 수도 있다.

플로렌스에게 이 이슈를 명확히 하기 위해 문장 완성 연습을 해보라고 권유했다. 나는 이런 문장을 주었다.

"만약 내가 거절하고 싶을 때 거절하고 동의하고 하고 싶을 때 동의한다면…"

이 문장의 일부를 반복하면서 그때마다 다른 문장으로 끝을 내보라고 했다. 그녀는 이렇게 말했다.

"만약 내가 거절하고 싶을 때 거절하고 동의하고 하고 싶을 때 동의한다면, 나는 다른 사람이 될 것이다. 사람들은 나를 좋아하지 않을지도 모른다. 일을 더 많이 하게 될 것이다. 내 자신을 더 많이 돌볼 것이다. 자기 존중을 더 하게 될 것이다. 우리 직원들은 성장할 수 있을 것이다. 직원들을 어린아이 대하듯 하지 않을 것이다. 분별력과 자기 책임을 배우고 내가 관리하는 사람들에게 그것을 가르쳐줄 수도 있을 것이다."

가끔 사람들은 자기 인생에 대한 책임을 회피하기 위한 방법으로 다른 사람들의 인생에 과도하게 개입하려 하기도 한다. 무의식적으로 다른 사람들의 문제에 몰입하면서 자기 존재는 잃어버린다. 또한 여성성이 '자기희생'과 동의어라는 말을 듣고 자랐을 경우에는 그 길로

가는 것이 옳다고 느끼기도 한다. 독립심과 책임감을 갖고 내 인생을 이끌어가는 것이 부담스럽게 느껴질 때 남을 위한 희생은 숭고하고 매혹적인 것으로 여겨질 수밖에 없다.

하지만 여성들만 책임감의 개념을 오해하고 있는 것은 아니다. 가끔은 부모들, 즉 어머니뿐만 아니라 아버지 쪽에서도 이런 모습이 엿보인다. 아무리 지극정성으로 키웠어도 아이들은 부모가 바라던 대로 성장하지 않을 수 있는데, 그럴 때 스스로를 고문하고 끝없는 죄책감에 빠져드는 것이다. 부모라고 해서 인간이 도저히 가질 수 없는 전지전능한 힘을 소유한 존재는 아니다. 다른 인간의 선택을 대신 내려줄 수는 없다. 만약 아이들이 어디까지가 낳아준 부모의 책임이고 어디까지가 본인의 책임인지 배워야 한다면 부모 또한 그 교훈을 배워야 할 것이다.

가끔은 아내가 아무리 옆에서 백방으로 노력했어도 남편의 음주를 막을 수 없어 절망에 빠지기도 한다. 아무리 좋은 남편이 되려고 노력했어도 남편이 아내의 정신안정제 복용을 막을 수 없기도 한다. 어떤 이들은 이렇게 혼잣말을 하고 있을 것이다. '내가 그때 바로 그 말만 해주었다면, 그렇게 해주었다면 그들이 변했을 거야' 라고. 마치 본인에게 남의 운명을 쥐락펴락할 힘이 있는 것처럼 말이다. 이런 사람들은 자신의 자유의지를 믿을지는 모르지만 상대방의 자유의지는 믿지 않는다. 그들은 한 인간과 다른 인간 사이에 결코 넘을 수 없는 선이 있다는 사실을 받아들이지 못한다.

책임감을 갖고 산다는 것의 진정한 의미는 내가 감당해야 할 책임과 남들이 감당해야 할 책임을 분리할 줄 아는 것이기도 하다. 무엇이 우리의 의지적 선택이고 무엇이 그렇지 않은지, 무엇이 우리의 힘 안에 있고 그렇지 않은지, 무엇이 우리에게 달려 있고 무엇이 그렇지 않은지를 구별해야 한다. 그것을 이해하기 전에는 우리는 지성인답게 자기 책임을 수행할 수 없고 다른 사람들의 부적절한 요구에 끌려 다니면서, 때로는 내가 스스로에게 감당시킨 부적절한 요구에 끌려 다니면서 사는 것이다.

17

차이를 만드는 것은 무엇인가?

보스턴에서 온 전화였다. 목소리를 듣자마자 시오도라가 잔뜩 화가 나 있다는 것을 알았다. 내 사무실은 로스앤젤레스에 있지만 시오도라처럼 다른 도시에 살면서 전화로 상담을 요청하는 고객도 적지 않은 편이었다.

"인생이 너무 불공평해요!"

그녀가 '여보세요' 이후에 내뱉은 첫 마디였다.

시오도라는 컴퓨터 부품을 만드는 회사에 다니면서 컴퓨터 업계에서 경력을 쌓아갈 꿈을 꾸고 있었다. 오늘 무엇 때문에 화가 났는지 물으니 그녀는 사무실이 혼란스럽고 문서 체계는 비효율적이며 불필요하게 이중 삼중으로 일을 해야 하는데, 자신이 6개월 전에 생각해낸 방식을 적용했더라면 아마 사무실 운영에 혁신적인 변화가 이루어져 업무 체계가 훨씬 더 편리하고 효율적으로 바뀌었을 거라고 말했다. 그녀는 이 말을 전하면서도 울분을 숨기지 못했고 목소리마저 떨렸다.

"그래서 문제가 뭘까요?" 내가 물었다.

그녀가 문제라 선언한 것은, 한 동료가 자기 아이디어와 비슷한 아이디어를 제출했고 그 아이디어를 상사에게 가져가기 전에 다른 동료들에게 보여줘 지원을 이끌어냈고, 결국 그 프로젝트를 허가받아 시행했으며 그 성과 덕분에 연봉 인상과 승진을 앞두고 있다는 것이었다.

"나보다 선수를 쳤어요."

시오도라는 이렇게 주장했다.

"그 승진은 내가 했어야 하는 거라고요!"

시오도라에게 동료가 그녀의 아이디어를 훔쳤다는 의미인지 묻자 그녀는 대답했다.

"아니요. 그건 아니에요. 아무한테도 말한 적은 없어요. 하지만 그건 내 아이디어였다고요. 이건 부당해요."

"시오도라."

나는 조심스럽게 말했다.

"원래 모든 사람이 때때로 좋은 아이디어를 갖게 되요. 승자와 패자를 구분하는 건 그 아이디어로 무언가를 하는가, 하지 않는가 여부에 달렸잖아요. 동료가 무엇을 했는지 보세요. 소중한 아이디어가 생겼는데 동료들과 대화하고 테스트도 해보면서 든든한 지원군을 얻어냈고 상사에게 가져갔어요. 아마도 내 예상인데, 그 상사가 내놓을 수 있는 모든 질문과 반대 의견에도 대답할 수 있도록 미리 준비도 하지 않았을까요? 그래서 성공한 거지요. 그 점이 차이를 만든 겁니다."

한참 동안 그녀는 아무 말도 하지 않았다.

그리고 약간은 서글픈, 풀 죽은 목소리로 말했다.

"그러네요. 아무한테도 말하지 않은 아이디어를 인정해주길 기대하는 건 바보 같은 짓이겠지요."

이쯤에서 내가 궁금했던 것은 대체 왜 그녀가 그렇게 오랫동안 그 아이디어를 단 한 명에게도 말해보지 않고 혼자서만 간직했냐는 점이었다. 물론 이것이 그리 특별한 문제가 아니라는 것은 알고 있다. 사람들은 종종 훌륭한 아이디어를 떠올리지만 홀로 며칠 동안 몽상 속에서 갖고 놀다가 사라지게 내버려둔다. 현실에서 그 아이디어가 실현되거나 적용될 수 있게 하는 행동은 전혀 취하지 않는다.

한 여성이 옆에 있는 다른 여성보다 더 지적이고 창의

적인 아이디어를 더 많이 갖고 있더라도, 후자의 여성이 더 성공할 수 있다. 왜냐하면 후자의 여성이 자신의 아이디어를 훨씬 더 진지하게 여기기 때문이다. 그녀는 그 아이디어에 뼈대를 세우고 살을 붙여 쓰임새를 주장했다. 차이는 두뇌의 힘이 아니라 투지와 의욕과 추진력에 달려 있다. 즉 얼마나 몸과 마음을 쏟아 부었느냐에 달려 있었다.

시오도라는 속삭였다.

"어쩌면 내 안의 일부는 이렇게 느꼈던 것 같아요. 이렇게 좋은 아이디어를 지금까지 나만 생각했겠어?"

그녀에게 자기를 멤버로 받아주는 클럽에는 절대 가입하지 않겠다고 했던 그라우초 막스(Groucho Marx, 미국의 유명한 희극배우—편집자)의 농담을 이해하느냐고 물었다.

또 다시 긴 침묵이 이어지다가 그녀가 입을 열었다.

"그러니까 선생님 말씀은, '그 아이디어가 평범한 나에게도 떠올랐는데 좋으면 얼마나 좋겠어' 이런 식의 태도 말씀인가요?"

"글쎄요. 그럴 수도 있겠지요. 어떻게 생각하나요?"

"사람들이 내 말을 들을 거라는 기대를 안 했어요. 내

의견이 진지하게 여겨지리라고 기대도 안 했고요."

"그렇다면 자기가 자기 말을 듣고 있지 않은 것 아닙니까? 스스로를 진지하게 여기지 않는 것처럼 들리는데요? 당신의 아이디어를, 당신 아이디어라는 말도 안 되는 이유 때문에 깎아내리고 있어요. 그리고 다른 사람들이 당신 기대보다 더 잘해주지 않으면 상처받고 화를 내지요. 본인도 그 수준으로 대하고 있으면서요."

우리 머리와 마음에 의심을 품게 되면 그것의 결과물을 깎아내리게 된다. 나의 지성을 주장하기 두려워하면, 그 지성의 목소리를 줄여버리려 하고 우리 안의 가장 좋은 것을 억압하려 한다.

자기 의심 때문에 생겨난 습관적인 수동적 태도를 어떻게 바꿀 수 있을까? 어쩌면 가장 쉬운 지름길은 성공을 연구해서 성공한 사람들과 성공하지 않은 사람들의 행동이 어떻게 다른지 구별한 다음 그들만의 특별한 행동을 실제로 따라해보는 일이 될 것이다. 시오도라에게 소개해준 기본 단계들은 다음과 같다.

아이디어가 떠오르는 그 순간 메모를 한다. 야심 있는 사람이 갖고 있는 가장 귀중한 자산은 아마 노트일 것이다. 언제나 주변에 노트를 펴놓고 자기 전에는 침대 맡에 둔다. 만약 가능성이 엿보이거나 흥미로운 아이디어가 떠오르면 그 즉시 펜을 들고 가능한 자세히 적어둔다. 이 행동이 중요한 이유는 일반적으로 사람들은 참신한 아이디어가 떠올라도 적어놓지 않았다가 금방 까맣게 잊어버리기 때문이다. 거의 모든 사람들이 한두 번 이상 이런 경험을 겪었을 것이다. 성공한 사람들은 자기 아이디어를 매우 귀하고 가치 있게 생각한다. 하지만 성공하지 못한 사람들은 그 방식을 모방하지 못한다. 아이디어가 떠오른 순간 얼마나 열정에 차 있는지에 상관없이 당신의 기억력을 믿지 말 것.

물론 굳이 끝까지 진척시키지 않아도 될 아이디어도 솔직히 많이 떠오르기는 한다. 시간이 흐르면 그리 대단해보이지도 않고 우리의 역량보다 더 많은 노력을 요구하기도 한다. 차라리 그 시간에 우리에게 더 중요한 영역에 에너지를 쏟는 편이 낫다. 하지만 그중 몇 개만큼은 우리에게 딱 들어맞고, 다른 이가 아니라 내가 키우고 발전시켜야 더 나아지는 아이디어가 맞다.

나의 조직에 유용하리라 생각되는 아이디어가 있다

면 가장 먼저 해야 할 일은 다각도로 깊이 생각해 가능한 한 구체적으로 만드는 것이다. 그런 다음에는 이렇게 한다.

나올 수 있는 반대 의견을 생각하고 그에 관한 답을 준비한다.

당신 의도를 이해하는 동료들을 영입한다. 그 아이디어를 지지해줄 협력자들을 찾는다(아이디어를 도둑맞지 않기 위해 이 시점에는 상사에게 간단한 메모를 써서 제출하거나 지금 내가 하는 일의 아웃라인을 대략이나마 잡아두는 것이 현명하다).

상사에게 원하는 반응을 유도하기 위해 상사가 무엇을 알고 있어야 할지 알아본다.

제안을 명확하고 간단명료하게, 설득력 있게 준비하는 방법, 즉 당신 아이디어를 '팔' 방법을 찾아본다.

구체적인 단계도 중요하지만 그보다 더 필요한 것이 있다. 인내와 끈기다. 비전이 실행되기까지 조직 안의 각각 다른 사람들과 똑같은 전쟁을 수없이 치러야 할지 모른다.

모든 과정을 제대로 수행하더라도 반드시 첫 번째 아이디어로 승부를 볼 수는 없을지도 모른다. 첫 번째 성공을 경험하기까지 수십 개의 아이디어를 내고 또 내야 할지도 모른다. 여기서 끝까지 버티는 능력이야말로 성취를 한 사람들의 뚜렷한 특징이라는 사실을 또 다시 기억하자.

18

12시간의 선물

 엘런과 폴의 관계는 교착 상태에 빠져 있었다. 그들은 서로를 사랑했지만 사소한 갈등과 자잘한 언쟁 없이는 대화를 길게 이어가기가 힘들어보였다. 결혼한 지는 6년째였다.

 엘런은 폴이 점점 멀어지고 자기만의 세계에 들어가는 것 같은데도 두려움을 털어놓기 어려워했다. 폴은 자신이 '나약하게' 보이거나 느껴질까 봐 그녀를 얼마나 사랑하고 의지하는지 솔직히 고백하지 못했다. 각자 자신의 여린 면을 드러내기 꺼려하면서 점점 더 방어적인 태도만 키워갔다. 엘런의 태도는 보통 날카롭고 까칠했다. 폴의 태도는 보통은 냉담하게 거리를 두는 식이었다. 가끔은 서로에게 잔인한 말을 퍼붓기도 했다. 그러다 이제는 서로에게 거의 한마디도 하지 않는 단계까지 온 것이다.

나는 그들에게 내가 '친밀감 안에서의 실험'이라고 이름 붙인 과제를 내주었다. 이제까지 부부 상담을 하면서 많이 사용한 전략이기도 했다. 그들에게 하라고 한 일들은 다음과 같다.

일단 그들은 같은 방 안에서 12시간 동안 함께 있어야 한다. 이때 완전히 그 두 사람만 존재해야 한다. 책도 안 되고 텔레비전도 있으면 안 되며 전화도 해서는 안 되고 잠깐 산책을 다녀와서도 안 된다. 정신을 딴 데 팔게 하는 것은 어떤 것도 금지다. 이 12시간 동안은 낮잠도 금지다. 그날 하루 종일 아이들을 맡아줄 사람도 미리 알아두어야 한다.

룸서비스를 받을 수 있어서 식사 준비에 시간을 낭비하지 않을 수 있는 호텔이나 모텔에서 이 실험을 하는 것이 이상적이라고 말했다. 화장실 가는 시간을 제외하고 이 둘은 모든 시간을 오직 서로와만 함께해야 한다.

둘 중에 한 사람이 어떤 말을 하더라도 방에서 나가지 않겠다고 합의해야 한다. 신체적인 폭력 또한 절대 없어야 한다. 만약에 두 사람 다 그렇게 하길 선택한다면 몇 시간 동안 완전한 침묵 속에 빠져 있을 수도 있지만, 그럼에도 함께 있어야만 한다.

이 12시간 동안 두 사람은 원한다면 어떤 말이건 자유롭게 할 수 있다. 단 그 주제는 사적인 것이어야 한다. 자기 자신에 관한 이야기거나 자신들의 관계에 대한 이야기여야만 한다. 직장 이야기도, 아이의 학교 숙제 이야기도, 거실 인테리어 이야기도, 어떤 다른 이야기도 안 된다. 오직 자신들 이야기에만 집중해야 한다.

이 과제 뒤에 놓인 가정은, 빠져나갈 수 있는 모든 길이 막혀 있을 때 사람들은 대화에서 진정한 돌파구를 찾곤 한다는 것이다. 시간이 흐르면서 그들은 자기 안의 조금 더 깊은 이야기들을 끌어내기 시작한다.

엘런은 이 과제 이야기를 듣고 눈을 반짝거렸지만 폴은 생각만 해도 질리는 듯한 눈치였다.

"12시간이라고요?"

그가 숨을 삼키면서 말했다.

내가 웃었다.

"아니, 평생 함께하겠다고 결혼하셨으면서 12시간 동안 아내와 함께 있는 게 너무 길게 느껴지나요?"

엘런과 폴 사이에 일어난 일은 상당히 전형적이었다

고 할 수 있다. 그들은 아침에 호텔에 체크인을 했고 오전 10시부터 밤 10시까지 "무슨 일이 있어도" 함께 있기로 했다.

처음 몇 시간 정도는 약간 어색하고 쑥스러워 서로 농담을 하기도 하고 상담사가 정신이 나간 것 아니냐는 이야기도 건넸다. 그러면서 정말 사적인 이야기는 피한 것이다. 그러다가 엘런이 폴을 화나게 하는 무슨 말을 꺼냈고 그들은 잠시 싸웠으며 곧 화해를 했다. 그리고 점심을 먹으면서 분위기가 좋아졌고 서로 따뜻한 말을 건넸다.

자연스럽게 점심을 먹은 후에는 사랑을 나누었다. 시간의 압박이 없었기 때문에 그들의 사랑 나누는 시간이 평소보다 훨씬 길었고 둘 다 평소와는 다른 특별한 쾌감과 만족을 얻었다. 훨씬 가까워진 느낌이었고 그들은 이 실험이 좋은 아이디어인 것 같다는 데 동의했다. 그렇게 하다가 폴은 시간이 아까우니 같이 나가서 영화를 보는 건 어떠냐고 제안했다. 하지만 그러다 12시간 동안 반드시 방 안에 함께 있어야 한다는 전제를 기억해냈다.

이제 겨우 오후 2시 30분이다. 앞으로 7시간 30분이 더 남아 있었다. 진정한 실험은 이제 시작이라고 할 수도 있었다. 그들은 한번 싸웠고, 같이 점심도 했고, 사랑도 했다.

이제 그들에게는 단 한 가지 선택지만이 남아 있었다. 자신의 감정에 대해 이야기하는 것이다. 그들은 이야기를 하기 시작했다. 이 상황의 '인위적'인 부분은 잊었으며 점점 더 깊은 수준의 솔직함과 친밀함으로 들어갈 수 있었다. 왜냐하면 그들에게는 갈 수 있는 다른 곳이 없었으니까.

엘런은 자신의 두려움이 화나 짜증으로 표현된다는 이야기를 했고 폴은 자신도 두렵고 불안하지만 점점 입을 다물고 멀어지게 된다고 이야기했다. 그들은 서로가 자신을 더 이상 사랑하지 않을까봐 얼마나 두려운지도 털어놓았다. 그들의 관계에서 상처가 되었던 일에 대해서도 이야기했다. 서로에게서 받은 상처에 복수하기 위해 무엇을 했는지도 털어놓았다. 관계에서 원하지만 좀처럼 얻을 수 없는 것에 대해서도 이야기했다.

그들은 눈물을 쏟았고, 서로를 포옹했고, 처음 만났을 때 서로를 묶어주었던 그 느낌으로 서로 연결되었다. 그러다 다시 싸웠고 또 다시 서로를 밀어냈다. 그리고 시계를 보았다. 두 시간이 더 남아 있었다.

"우리 여기 이렇게 앉아서 서로를 쏘아보고 있을 거야, 아니면 이 문제를 해결할 거야?"

폴이 물었다. 그들은 다시 이야기를 시작했다. 이번에는 이전에는 한 번도 털어놓지 못한 이야기들이 나왔다. 점점 더 솔직히 자기를 다 열어보였다. 그중에는 행복한 이야기도, 행복하지 않은 이야기도 있었다.

다음 주에 상담을 받으러 온 폴은 열광적인 어조로 말했다.

"우리 결혼이 다시 제대로 굴러가기 전까지 이 실험을 6주에 한 번씩 해보기로 했습니다. 출구가 모두 막혀 있고 두 사람밖에 없고, 그 앞에는 12시간이란 시간이 놓여 있었어요. 얼마든지 놀라운 일이 일어날 수 있는 시간이더군요!"

이 실험을 제안할 때 커플 두 사람이 모두 환호하는 경우는 매우 드물다. 언제나 불안과 긴장이 존재한다. 하지만 나는 상상할 수 있는 온갖 의사소통 문제를 안고 있는 커플들이 이 마라톤 같은 과정 중에 결정적인 돌파구를 찾은 사례를 수없이 보았다. 자주는 아니지만 가끔은 첫 번째 시도에서 대실패를 하기도 한다. 문제가 명확해지거나 서로 친밀해지기는커녕 더 큰 혼란과 싸움이 일어나기도 한다. 하지만 두 번째 시도한 마라톤에서 이 교착 상태가 깨지지 않은 경우는 단 한 번도 없었다.

지난 20여 년간의 부부 상담 동안 딱 세 커플이 12시간 동안의 대화 끝에 그들의 관계는 끝내는 것이 좋겠다는 결론을 내렸다. 어떤 종류건 명백함을 얻게 되었다면 그것대로 성공이라 할 수 있다.

한 여성은 남편과 이 실험을 하고 결과에 너무나 만족하여 역시 부부 관계에 어려움을 겪고 있는 어머니에게 권했다. 그녀의 어머니 역시 이 법칙대로 12시간 동안 두 사람만 함께 지냈다. 그 결과 노부부가 서로 이해하는 데 큰 도움이 되었다고 한다.

나의 상담 그룹 중에 한 사람은 이 이야기를 듣고 반드시 문제가 있는 부부로만 한정해서 할 필요는 없다는 생각이 들었다. 그는 가장 친한 친구에게 이 실험을 함께 해보자고 제안했다. 그 과정 중에 그들은 이전에는 한 번도 하지 못한 방식으로 서로를 향한 사랑과 고마움을 표현했다.

"우리 두 사람은 이제까지 수백 시간을 레스토랑에서 만나 밥을 먹으며 모든 일에 대해 이야기를 했어요. 하지만 그때는 절대 나누지 못할 속 깊은 이야기를 12시간 동안 했어요."

그녀가 말했다.

"세상과 완전히 단절되고, 모든 것과 단절되니 훨씬 많은 것들이 가능해졌어요. 당신 삶에서 중요한 모든 사람과 이것을 해보면 얼마나 환상적일까요?"

이 실험에 관해서 내가 자신하는 건 너무나 간단하다는 것이다. 그리 많은 원칙도, 정해진 방식도 없다. 친밀감이 일어날 수 있는 맥락만 만들어내면 된다.

이 아이디어 자체에 소스라치게 놀라는 사람도 있을까? 물론 그렇다. 미지의 세계로 걸어 들어가라는 초대장과도 같으니까. 어떤 일이 일어날지 누구도 예측할 수 없다. 아마도 여기서 저지를 수 있는 실수란 어떤 일이 일어날지 자신하는 것일지도 모른다. 하지만 이 세상의 모든 가치 있고 중요한 것에는 어느 정도의 리스크가 당연히 따르지 않을까?

아마 지금 이렇게 말하는 독자들도 있을 것이다.

"그 프로젝트에 살짝 끌리긴 하지만 12시간이라니, 6시간 정도로 줄일 수는 없을까?"

안 됩니다. 독자 여러분. 반드시 12시간이어야 합니다. 이 실험이 제공할 수 있는 것이 무엇이든 그것을 받길 원한다면 12시간을 꽉꽉 채워야 한다. 그리고 당신의 관계는 12시간이라는 선물을 받을 가치가 있다.

19
나는 행복하기로 결심했다

몇 년 전 행복이란 주제에 대해서 한동안 깊게 생각에 빠졌던 적이 있다. 단순히 행복을 갈망한다는 개념이 아니라 행복을 이루는 것을 나의 의식적인 목적으로 삼는다는 것이 무엇인지 근본부터 생각해본 것이다. 나의 61세 생일이 다가올 때 찾아온 생각이었다. 그때 내가 깨달은 것을 이 지면에 나누어보고자 한다.

이 분야에서 내게 가장 소중한 선생님은 내 아내 데버스다. 그녀는 내가 이제까지 알아온 사람 중에서도 가장 지속적이고 일관적으로 행복한 사람이다. 그녀가 어떻게 그런 사람이 될 수 있었는지가 내가 하고 싶은 이야기이기도 하다.

사람들은 대체로 그들 삶에 일어난 외부적인 사건에

따라서 행복함과 행복하지 않음을 표현하곤 한다. 본인들 삶의 긍정적인 부분을 하나하나 짚어가면서 행복한 이유를 설명한다. 삶의 부정적인 부분들을 지적하면서 불행하다고 이야기하기도 한다. 이 안에 담긴 가정은 외부적 사건이나 조건이 우리의 행복 여부를 결정한다는 것이다. 그동안 무수히 많은 사람들과 대화하면서 우리의 외부적인 조건보다 우리의 태도가 행복과 더 상관관계가 있는 것이 아닌가 하는 생각은 늘 해오던 터였다. 오늘날 여러 연구 결과가 이 관점을 지지하고 있기도 하다.

기본적으로 행복한 성향이 있는 여성의 예를 들어보자. 그녀에게는 행복을 느끼는 것이 자연스러운 상태다. 행복하지 않은 기간보다 행복한 기간이 비교할 수 없을 정도로 길다. 그녀에게 불운한 일이 닥칠 수 있다. 직장을 잃고 이혼을 하고 어떤 신체적인 장애가 올 수도 있다. 얼마 동안 그녀는 낙담하고 의기소침해지기도 한다. 하지만 (사안의 심각도에 따라 달라지지만) 몇 주, 몇 달, 혹은 몇 년 후에 다시 확인해보면 그녀는 다시 원래의 모습대로 행복해져 있다.

그와는 반대로 기본적으로 행복하지 않은 성향이 있는 여성이 있다고 치자. 그녀에게는 행복하지 않다고 느끼는 것이 자연스러운 상태다. 행복하지 않은 기간이 행복한 기간보다 훨씬 긴 편이다. 그녀에게 기쁜 일이 연달아 일어난다. 승진을 하고 막대한 재산을 물려받고 근사한 남성과 사랑에 빠진다. 얼마 동안 그녀는 세상을 다 가진 듯 행복하다 말한다. 하지만 그 시기가 지나고 얼마 후에 확인해보자. 그녀는 다시 행복하지 않다고 말하고 있을 것이다.

연구 결과, 한 사람의 행복의 기질과 성향을 결정하는 예측 변수는 첫째, 자존감이고 둘째, 우리 자신이 외부적인 힘보다 우리 운명을 결정하는 가장 큰 부분이라는 믿음이다.

나는 언제나 나 자신을 근본적으로 행복한 사람이라고 생각해왔다. 가끔 상당히 어려운 상황 속에서도 행복을 유지해왔다. 하지만 모든 인간들이 그렇듯이 나도 고통과 불행의 시기를 겪어왔다. 가끔은 그 고통 속에서 내가 어떤 실수를 저지르고 있으며 그 모든 고통이 꼭 필요하지는 않지만 내가 불러들였다고 생각하기도 했다.

그때 나는 데버스의 심리 상태에 대해 조금 더 깊이 들어가보았다. 아내를 만났을 때 나는 이 사람처럼 기쁨이 자신의 '본성'인 사람을 만나본 적 없다고 생각했다. 하지만 그녀의 삶이 언제나 평탄하기만 했던 것은 아니다. 스물네 살에 남편을 잃고 넉넉한 돈도 도와주는 사람도 없이 어린아이 둘을 홀로 키워야 했다. 우리가 만났을 때 그녀는 16년 동안 싱글이었고 여러 분야에서 직업적인 성공을 거두었는데, 과거 힘들었던 시기에 관해 이야기할 때 자기 연민을 전혀 비추지 않는 점이 신기했다. 그 후 옆에서 아내가 종종 실망스러운 경험을 하는 모습이나, 몇 시간 동안(채 하루는 넘지 않았다) 슬퍼하거나 입을 다무는 모습도 보았지만, 그녀는 곧 어떤 부정이나 억압의 기미도 없이 다시 본래의 자연스러운 상태인 명랑한 상태로 돌아오곤 했다. 그녀의 행복은 진짜였고 매우 실체적이었으며 그 어떤 역경보다 더 컸다.

그러한 회복탄력성이 어디서 왔는지 물으면 그녀는 이렇게 대답하곤 했다.

"나는 행복하기로 결심했으니까요."

그리고 이렇게 덧붙였다.

"사실 이건 자기 훈련이 꽤 필요해요."

그녀는 밤마다 자신의 삶에 일어난 모든 좋은 일들을 한 번씩 모두 되새긴 다음에야 잠들곤 했다. 그날의 마지막 생각은 언제나 그런 종류의 생각들이었다. 나 또한 그것이 매우 중요하다고 생각하게 되었다.

나는 나 자신의 기질에 대해서도 무언가 중요한 점을 발견했다. 그리고 나의 어린 시절이 10년 단위로 점점 더 행복해졌다는 사실을 가끔 농담조로 말하게 되었다. 만약 누군가 이십대와 육십대 때 나의 어린 시절에 대해 묘사해달라고 했다면, 나의 어린 시절을 구성하는 중요한 기본 사실들에는 변화가 없었겠지만 내가 '강조하는 지점'이 달라졌다는 것은 알 수 있을 것이다. 이십대 때는 어린 시절의 부정적인 면들이 내 생각의 앞쪽을 차지했다. 다시 말해서 긍정적인 면들은 뒤로 밀어놓고 있었다. 육십대가 되자 이제 그 반대가 진실이라고 여겨졌다. 나이가 들면서 나의 어린 시절에서 무엇이 중요한가에 대한 관점과 감각이 변한 것이다.

내가 만났던 행복한 사람들을 연구하고 생각하면 할수록 확실해지는 것은, 행복한 사람들은 자신의 경험을 그런 방식으로 소화할 줄 안다는 것이다. 그렇게 하는 나이가 빠르면 빠를수록 좋다. 긍정적인 부분은 가장 빛나도록 의식의 중앙에 배치하고 부정적인 부분들은 뒷마당에 잘 보이지 않게 놓아둔다. 이 특징이 이 사람들을 이해하는 핵심이 되어주었다.

하지만 곧 멈춰서 생각했다. 사실 내게 이 모든 생각들은 전혀 새로운 것이 아니다. 어떤 면에서는 언제나 지당했고 친숙한 생각이었다. 하지만 지난날 나는 이렇게 잘 아는 이것들을 왜 더 많이 적용하려고 하지 않았던가? 이미 답을 알고 있었다. 몇 년 전, 내 시간의 많은 부분을 내 인생의 부정적인 부분들, 실패와 실망과 후퇴를 곱씹으며 보내지 않으려 한다면 그것은 진실을 회피하는 것이고 현실에 무책임한 것이며 내 인생을 진지하게 여기지 않는 것이라는 생각을 했었다. 이런 생각을 처음으로 언어로 표현해보니 그것이 사실은 얼마나 어처구니없는 생각인지를 그제야 깨닫게 된 것이다. 그 상황을 바로잡을 수 있는 행동들이 있지만 내가 하지 않고 있을 때라면 그럴 수도 있다고 납득할 수 있다. 하지만 내게 가능한 모든 행동을 하고 있을 때면 내 삶의 부정적인 면에 집중하는 것은 내게 아무런 이득이 없었다.

무언가 잘못되었을 때 해야 하는 질문은 이것이다. 이 상황을 개선하거나 바로잡기 위해 내가 할 수 있는 행동이 있을까? 있다면 한다. 하지만 만약 없다면 내 의지나 힘이 닿지 않는 부분을 두고 나를 고문하는 짓은 그만두어야 한다. 인정하건대, 그렇게 하는 게 언제나 쉽지만은 않다.

나 또한 내 인생의 지난 몇 년간은 내가 지나왔던 그 모든 세월보다 가장 지속적이고 일관적으로 행복했다. 물론 때로는 상당히 무겁고 골치 아프고 해결책이 안 보이는 외적인 스트레스가 있었다. 하지만 과거에 그랬던 것보다 훨씬 더 빠른 시간 내에 문제를 해결했고 실망에서 더 빨리 회복되었다.

이 개념들을 적용하기 위해 한 방법은 매일 아침 두 가지 질문으로 하루를 시작하는 것이었다.

'내 인생에서 좋은 것들은 무엇일까? 여기서 무엇을 더 해야 할까?'

첫 번째 질문은 우리를 긍정적인 요소에 집중하도록 해준다. 두 번째 질문은 우리의 인생과 웰빙이 우리의 책임이라는 사실을 다시금 되새기게 한다.

이 세상은 행복한 상태를 그리 진지하게 보지 않고 그에 맞는 가치를 부여하지 않는 것 같다. 하지만 적지 않은 삶의 역경을 겪었는데도 장기간 행복한 사람들을 보고 있다면, 우리는 지금 정신적으로 위대한 성취를 이룬 사람들을 보고 있다고 이해해야 한다. 그 사람은 우리가 열망해왔지만 쉽지 않았던 것, 가장 가치 있는 무언가를 성취한 사람이기 때문이다.

옮긴이의 말

자존감, 나와의 내밀한 대화

 자존감만큼 자주 언급되면서도 미묘하고 모호한 개념이 있을까 싶다. 관련 저서를 읽고 강연을 들을 때는 이해할 듯하면서도 일상생활에서는 쉽게 대입하지 못한다. 그래서인지 어떤 사람에게 "그 사람 참 자존감이 높아"라고 평하기보다는 "자신감이 있다" "긍정적인 사람이야"라고 칭찬한다. 하지만 우리는 수시로 이렇게 말하기도 한다. "자존감이 낮다." "자존감이 떨어졌어." "자존감이 바닥이야." 어쩌면 우리가 막연하지만 자존감이 낮다는 것이 어떤 느낌인지와 그것이 우리 삶을 갉아먹고 있다는 것만큼은 직감적으로 알기 때문 아닐까?

 너새니얼 브랜든의 이 책(원제는 《여성의 자존감》이다)을 처음 번역 의뢰받았을 때 현재의 나에게 꼭 필요한 책이라는 생각이 들었다. 뿐만 아니라 원서의 부제목에 'struggle'이라는 단어가 들어가서 더욱 끌리기도 했다. 이제는 세상의 이치도 알 만큼 알고, 나라는 사람과 오래 부대껴온 만큼 답안을 알고 있다고 생각하는데도 왜 이렇게 하루하루 말 그대로 나와 '씨름'을 하며 살고 있을까. 내 목소리를 어떻게 내고, 어떤 선택을 하고, 언제 나의 권리를 주장하고 언제 희생하고 양보해야 하는지 아직도 갈등한다. 또한 이 사회에서 여성으로 살면서 내면화된 의식이 이런 갈등 안에 크게 자리 잡고 있는 것이라는 생각 또한 짙어지던 참이었다.

그래서 이번에는 강연이나 책을 통해서가 아닌, 어쩌면 가장 집요한 독서인 번역을 통해서 자존감이라는 키워드를 나에게 다시 한 번 심어주고 싶다는 바람이 있었다.

저자인 너새니얼 브랜든은 생애의 대부분을 자존감이라는 주제에 천착하면서 모호했던 자존감 개념에 명확성을 부여한 상담가이자 심리학자이다. 이 책은 명망 있는 저자의 고전이 갖추어야 할 미덕을 고루 갖추고 있다. 기본 정의부터 명확하게 짚어준다. 쉬운 문장으로 이루어졌지만 깊이 있고 우아하고 명료하며 따뜻하기도 하다.

"자존감은 나라는 사람을 삶의 기본적인 도전에 대처할 능력이 있고 행복할 가치가 있는 사람으로서 인식하는 자질이다."

이렇듯 자존감은 내가 나를 있는 그대로 좋아하는 것이라든가, 자신감이 넘쳐서 이 세상은 나의 것이라고 외치는 태도에서 한발 더 나아가는 개념이었다. 저자는 마치 교수님이 칠판에 적어주듯이 자존감을 이루는 여섯 가지 요소들을 차분히 설명한다.

그러다가 바로 그다음부터는 마치 할아버지가 벽난로 앞에서 손주들에게 들려주는 것만 같은 쉽고 정감 있고 실생활적인 이야기들이 이어진다. 이 책에 등장하는 상담 사례들은 우리가 주변에서 수없이 보던 여성들이고 나이기도 하다. 저자는 이들을 조금도 판단하지 않고 이해하면서 서서히 해결점을 찾아간다. 그러면서도 욕심 내지 말고 아침에 일어나면 단 5퍼센트만 다르게 생각해보자고 당부하며 이렇게 한 걸음씩만 내딛다보면 나 자신과의 관계가 지금보다 훨씬 더 나아질 수 있다는 믿음을 심어준다.

개인적으로 가장 감동을 받았고 종종 떠올리게 되는

챕터는 자존감이 양심이나 도덕성과 밀접한 관련이 있다는 부분이었다. 저자가 말한 대로 다른 자존감 저서나 자기계발서에서는 간과하는 가치이지만 나에게는 자존감을 이해하는 가장 중요한 열쇠였다고 할 수 있다.

세상과 타인과 나 자신을 크고 작게 속이고 습관적으로 거짓말을 하면서도 무사히 빠져나가고(결국에는 밝혀지리라 생각하지만) 외적으로는 세상의 모든 행복을 누리는 것처럼 보일 수는 있다. 하지만 그 사람의 내면세계는 닮고 싶지도, 들여다보고 싶지도 않다. 또한 점점 더 화려하고 성공한 사람보다는 정직하고 양심 있고 약속을 지키는 사람들에게 나오는 은은한 빛을 알아보게 된다.

돌아보면 내가 작은 재능으로 빛을 보거나 삶의 조건에 만족하거나 부러움을 샀을 때가 아니라 나와의 사소한 약속을 지켰을 때, 해야 할 전화를 하고 메일을 보내고, 내가 늘 소망해왔던, 사람들의 말을 경청하는 너그러운 사람이 조금씩 되고 있다고 느꼈을 때, 그럴 때 나는 외부의 평가에 흔들리지 않았다. 내가 책임감 있고 인격적인 사람이라고 느낄 때 자연스럽게 내 표정은 부드러워졌다.

이 책의 번역을 마치고 얼마 후에 내가 번역한 책의 북토크를 하고 싶다는 제안이 들어왔다. 분명 서점과 출판사는 예의를 갖춰서 나를 존중하며 제안을 하는데도 처음에 든 생각은 "나는 남의 글을 옮기는 일개 번역가일 뿐인데, 나는 경험도 없고 화술도 부족한데 과연 할 수 있을까?"였다. 자꾸만 나에게 자격이 있는지를 되물었다. 그래, 난 15년 동안 거의 쉬지 않고 일을 해왔어. 하루도 빠짐없이 작업실에 나와서 묵묵히, 최선을 다해 일했어. 그런데 성실한 직업인이었다는 것이 사람들에게 영감이 될 수가 있나? 나에게서 나올 말이 들을 만한 가치가 있을까?

바로 그때 너새니얼 브랜든이 수많은 상담을 통해 주목했다고 하는 여성의 '성공 불안'을 떠올렸다. 어쩌면 열등감으로 주눅 들지 않고 자만심을 가질 것도 없이 주어진 기회를 담담히 받아들이는 것이 최선의 태도라는 생각이 들었다.

북토크를 마치고 오면서 이 책이 오랫동안 내 안에 남아서 사색의 동반자가 되고 어쩌면 나를 더 나은 사람으로 만들어주고 때때로 위로해주리라는 것을 깨달았다. 그것은 책을 몇 권 번역했고, 어떤 유명한 책을 번역했고, 얼마의 수입을 올리고와는 전혀 상관없는, 번역가만이 아는 고요하고 은밀한 기쁨이다. 저자가 말하는 자존감처럼 겉으로 드러나지 않고 아무도 알아주지 않아도 나에게 지속적인 자기 존중과 안정감을 주는 내밀하고 사적인 경험이었다.

2018년 5월
노지양

자존감이 바닥일 때 보는 책

1판 1쇄 펴냄 2018년 5월 28일
1판 3쇄 펴냄 2022년 3월 15일

지은이	너새니얼 브랜든
옮긴이	노지양
편집	안민재
디자인	허성준(표지), 한향림(본문)
제작	세걸음

펴낸곳	프시케의숲
펴낸이	성기승
출판등록	2017년 4월 5일 제406-2017-000043호
주소	(우)10874, 경기도 파주시 책향기로 371, 204호
전화	070-7574-3736
팩스	0303-3444-3736
이메일	pfbooks@pfbooks.co.kr
SNS	@PsycheForest

ISBN   979-11-961556-5-0   03180

책값은 뒤표지에 있습니다.

이 책의 내용을 이용하려면 반드시 저작권자와
도서출판 프시케의 숲에게 동의를 받아야 합니다.

이 도서의 국립중앙도서관 출판시도서목록CIP은
서지정보유통지원시스템 홈페이지 http://seoji.nl.go.kr와
국가자료공동목록시스템 http://www.nl.go.kr/kolisnet에서 이용하실 수 있습니다.
CIP제어번호: 2018014095